Por

Miguel Martin

2017

SERVICIOS, comentarios, información sobre el autor o preguntas puedes hacerlo en *www. miguelmartin.info*

All rights reserved © 2014 Miguel Martin
Education Center

MMEC

ISBN-13: 978-1517153458

ISBN-10: 151715345X

Dedicado

Este libro está dedicado a todo "Humano" que está **cansado** de su vida, **desesperado** con sus logros y que **piensa** que ya no puede. **Desea un cambio de vida** y una experiencia nueva pero no sabe qué hacer. **Ven, descubre lo que tienes y de que te hizo Dios.**

Agradecimiento

A todo El Equipo de Miguel Martin Educación Center - **MMEC.**

Contents

Prefacio

¿Qué es de tu Vida? Si estás cansado de lo que te pasa en la vida, si tu carácter y personalidad no te gusta y no sabes que hacer, pero quieres cambiar y que tu vida sea transformada para una existencia con propósito, este libro es para ti. Te lo dice alguien que un día le dijeron: "no sirves para nada." Hoy soy un escritor de 8 libros, conferenciante internacional y empresario con una empresa totalmente orgánica o sea la empecé sin dinero, empleados u oficinas.

Si tu hogar o empleo no es lo que deseas este libro es para ti. Aquí está contigo alguien que viene de un hogar muy pobre y de uno de los pueblos más lejanos del mundo San Pedro Soloma, Huehuetenango, Guatemala. Hoy vivo en el país más poderoso del mundo.

Quien en su tiempo también lo esclavizo un empleo por miedo a que era imposible ser alguien diferente, productivo con su propio negocio. Hoy vivo y hago negocios desde una de las metrópolis del mundo - Dallas Texas.

Si has fracasado una y otra vez este libro es para ti. Si tienes dinero o eres universitario y tu profesión no te da felicidad y gusto de vivir al máximo de tu capacidad este libro es para ti. Te lo dice alguien quien vivió bajo el pensamiento, "si intento esto o aquello que dirán mis familiares, amigos y conocidos." "Si fracaso estoy acabado."

Si eres pobre o estas endeudado con bancos o personas, no te alcanza el dinero para lo que deseas y no estas satisfecho este libro es para ti. Libro escrito por alguien (yo Miguel Martin) que debía hasta los calzoncillos que llevaba puestos.

La verdad era que nada de lo que tenía era mío todo estaba bajo crédito. Era una vergüenza en la vida económica. Si las cuentas de tu banco te desagradan por no tener suficiente este libro es para ti. Hoy no solo tengo cuentas bancarias en positivo, sino que aprendí a salir de deudas, logré comprender y aplicar principios que construyen la economía.

Hoy en lugar de yo pagar "intereses" a bancos, los bancos "me pagan" a mí "por usar su dinero". Ayer, de verdad te digo lloraba, gritaba de agonía y mucho estrés por mi situación financiera. Hoy gracias a Dios y mi diligencia me rio de las situaciones que requieren dinero, de los bancos y de instituciones que controlan a la gente de por medio de los interés, instituciones, negocios, empresas que existen para hacerte totalmente miserable bajo la esclavitud de deudas etc., hoy gozo de una vida súper cómoda y tengo suficiente para compartir con aquellos que de verdad necesitan una manito o ayuda.

Vas a la iglesia, tienes el conocimiento de una religión, lees la biblia o cualquier libro religioso y no estas contento este libro es para ti. Te lo dice de corazón alguien que nació en una religión pero que no era feliz, no culpo a nadie, eran mis conceptos, más hipócrita que todo, pero que hoy te dice se puede vivir feliz, totalmente libre evitando la religiosidad hipócrita pero si con una sincera y sencilla relación con Dios.

Mucha gente admira, habla, desea el éxito pero solo lo admira, piensa, habla, lo imagina, lo añora pero no lo entiende menos pagan el precio para experimentarlo. En lo personal deje de pensar que solo John o Esther podían, intente y lo hice en grande y hoy no solo entiendo éxito sino vivo éxito.

Lo que digo aquí es que el éxito no solo es un concepto vivo sino 'es un estilo de vida.' Éxito no es una palabra solamente es un 'habito.' Éxito no es un futuro es 'un presente.' El éxito no es un fin es 'un proceso.' El éxito no es una teoría únicamente, es 'una experiencia con vida,' se vive y es un 'principio viviente.'

Este libro tiene como objetivo decirte que todos podemos vivir exitosamente y que no es nada que no se pueda lograr ya que cada persona es responsable de su éxito o fracaso. Por lo tanto en este mismo momento si decides empezar a experimentarlo y vivirlo ya eres exitoso. Y el cómo mantenerte bendecido y exitoso se trata este libro.

Comprendamos desde ya que el éxito no es solo adquirir una profesión, dinero, negocios, religión, no es solamente logros que podamos enumerar. Por lo contrario es vivir con gusto, felicidad y realizado en paz con Dios, la humanidad, los animales y sobre todo con uno mismo - el universo que sí importa.

Para MMEC éxito es despertar a nuestro potencial. Éxito es despertar a nuestra capacidad. Éxito es hacer consciencia de nuestras posibilidades. Éxito es vivir conscientemente de quien es uno y lo que somos para ser mejores. Éxito es vida, es libertad, es amor, es Dios, es poder, es gracia, es buenas nuevas, es oportunidad, es un nuevo comienzo, es dinero, es riquezas, es conocimiento, es experiencia, es realización, es existencia, es sabiduría, es fe, es acción, es movimiento, es visión, es inteligencia, es tener una razón clara de existencia, es familia, es hogar. Éxito es facultades, dones, talentos, capacidades. Éxito es una persona, es carácter.

Te invito a vivir una vida de éxito y en este momento aconsejar y motivarte a que dejes la vida pasada, esa vida mediocre, vaga, tonta, esa manera de vivir con miedo, esa vida engreída, la vida rutinaria de disgustos, de estrés, de desgracia, de celos, de envidia, de murmuración, de cansancio, de baja autoestima, de conformismo, de deudas, de pleitos, de fantasías, de solo desear, de solo pensar y nos aventuremos juntos a vivir éxitos. Vida de pobreza intelectual, emocional, familiar, personal, espiritual y económica. Todo lo que necesitas en este momento es creer en ti, creer que puedes empezar otra vez.

En alta voz te recomendamos a que estudies, medites y apliques "12 reglas de una vida exitosa" y serás exitoso desde ese momento.

¡La única clave y extra regla para que estas 12 reglas tengan el impacto y den los resultados deseados en ti es que CREAS QUE ES POSIBLE y las repases una y otra vez al despertar, durante el día y acostarte!

"Muchos hablamos más con nuestras acciones que con nuestros labios" – Miguel Martin

Libro "Como Joven Cristiano Caí Pero Me Levante"

Regla 1
Reconocer Tu Condición

Vida Exitosa

"Este mundo no va a cambiar a menos que estemos dispuestos a cambiar nosotros mismos". Rigoberta Menchú, embajadora de buena voluntad de la UNESCO y Premio Nobel de la Paz en 1992.

Para tener y vivir éxito es necesario reconocer en donde se encuentra uno en este momento. No hay pasado, no hay futuro, el secreto está en este momento. Quien no agarra el presente intencionalmente jamás sabrá que existió. A esto le llamo despertar la conciencia de uno mismo. Recuerdo ese día unos amigos me dijeron a los 14 años, "Miguel si no SALES de cstc pueblo y casa nunca tendrás esto y aquello..." Ese día desperté consciencia de que no tenía que seguir sometido a un pueblo y hogar hasta que cumpliera los 18 años para triunfar y que podía emprender una nueva vida y así lo hice. Pero eso no hubiera sido posible si no hubiera aceptado que mi condición no era la mejor y que podía tener una mejor vida. Acepté, reconocí mi condición y esa aceptación abrió un nuevo mundo para mí.

Cuando se sabe que está pasando con uno mismo, con la persona de uno, con la mente, con la familia, con el carácter, con la empresa, el trabajo, en su religión personal "conscientemente" entonces hemos encontrado la llave del comienzo de una nueva oportunidad de vida.

En ese instante nos volvemos a engendrar para lo grande y razón de nuestra creación. En esta nueva experiencia la mente despierta, las facultades son renovadas y milagrosamente logramos una nueva visión de vida. Eso ocurrió conmigo en el mundo del liderazgo con un solo libro, el libro de John C. Maxwell - "Desarrolle el Líder que está en usted".

Al comenzar esta experiencia necesitamos expresar "tengo..." – Deuteronomio 31:2, esto y aquello, edad, situaciones, dinero, problemas, enfermedades, educación, familia, divorcio, desgracias, prosperidad, logros, títulos, amigos, enemigos, experiencia, malas vivencias, mal carácter, buenos y malos hábitos, malos pensamientos, conceptos equivocados, mala salud, un físico del que soy responsable, buenos, malos sentimientos, emociones etc.

Tenemos que sincerarnos con nosotros mismos y expresar si esa es la situación, "Mi corazón está acongojado, me ha dejado mi vigor." - Salmos 38:10. Esta experiencia nos lleva a preguntarnos "¿Qué más me falta?" Mateo 19:20. Y concluyes "Yo necesito" – San Juan 3:14. "me falta." - Salmos. 38:11. Este proceso requiere 1 – Pensar. 2 - Reconocer buenas y malas experiencias. 3 – Escribir estas vivencias. 4 – Educarse. 5 – Corregir los males, conscientemente.

No temas enfrentarte contigo mismo, ni aplicar estos consejos, no dejes que el pasado o tus malas experiencias te lleven a la incredulidad, sal de allí y evita a toda costa no burlarte estos principios pensando que son tan simples afirmaciones pues ellas tienen el poder de ayudarte a iniciar una nueva vida que tiene la autoridad de llevarte a una nueva mentalidad, nuevo carácter, nueva familia, nueva economía, muchos dicen ¿nueva economía?, si nueva economía porque por regla general quien cambia su mentalidad, cambia su carácter, cambia su vida y así cambia su trabajo, negocios, logros y también cambia su economía como resultado, sus cuentas de banco lo verifican. "Todo cambia cuando uno cambia."

Yo viví con conceptos equivocados por mucho tiempo. Se me había enseñado que la educación no era para nosotros los pobres. Se me instruyo diciendo que el dinero era malo. Crecí escuchando que nosotros éramos pobres y que teníamos que aceptar nuestra "suerte". Se me dijo que ser de clase bajo era un orgullo y que todo lo demás en la vida, era vanidad.

Toda esa mentalidad tuve que encarar y decirle ya vasta Yo NO LO CREO, PUEDO SER DIFERENTE. Siempre me pregunte ¿porque aquel o aquella persona podían? ¿Cuál es su secreto? ¿Por qué yo no? Y de tanto preguntar el universo ya no pudo dejarme solo, me abrió puertas y entendí que yo era el responsable. Salí de mi propia cárcel.

"Creo que las frases, palabras y cosas más simples son las más básicas que tienen el poder de Cambiar vidas" – Miguel Martin

Reconocer lo que somos y donde estamos es sobresaliente, es la llave para salir de la cárcel del pesimismo, de la baja estima, de la pobreza mental y económica, de esos fracasos religiosos, de esos conceptos que nos tienen atados a una vida débil, frágil, temerosa, incrédula. Hacer esto nos dará la correcta plataforma para empezar una nueva vida de grandes oportunidades. Ese día que me dijeron que yo servía para nada por mi carácter y vida esa información iba tan llena de oportunidad que fue lo suficientemente poderosa para despertar en mi consciencia de mi verdadera situación en aquel entonces.

Me tomo y sentó a la realidad que si seguía con ese estilo de vida destructivo, mediocre yo en verdad servía para nada. Pero allí desperté consciencia y me embarque a demostrar que yo si servía para algo y aquí estoy hoy, contigo diciendo que "tú si sirves para mucho". Eres único, eres especial y por lo tanto solo tú tienes lo que puedes dar y nadie más. Decide descubrirte y comenzar tu vida, no la de otro.

Sin embargo, necesario es saber y entender que las preguntas tienen poder y es una de las mejores maneras de poder evaluarnos. Por lo tanto, nadie podrá encontrarse con sí mismo a menos que se provoque seriamente con preguntas. Usa en esta terapia de encuentro y descubrimiento las siguientes preguntas del sistema MMEC:

- ¿Dónde estoy en mi existencia?
- ¿Qué hago aquí en esta tierra?
- ¿En qué me he formado en esta vida?
- ¿Por qué no he avanzado con el conocimiento que ya poseo?
- ¿Soy feliz con lo que tengo y si tuviera más me sentiría más feliz y realizado?
- ¿Dónde estoy con mi familia?
- ¿De cuánto me ha ayudado mi religión?
- ¿Por qué tengo esta dieta?
- ¿Por qué me fascina estar frente al televisor, computadora o en las redes sociales?
- ¿Qué he logrado discutiendo con... (pon nombre de persona, institución o situación)?
- ¿Por qué soy tan enojón?
- ¿Por qué pierdo tan fácil la paciencia?
- ¿Por qué me gusta estar comprando las cosas con las tarjetas de crédito y pidiendo dinero prestado?
- ¿Por qué soy tan impuntual?
- ¿Qué me motiva burlarme de la gente y siempre estoy criticándoles?
- ¿Por qué me es más fácil ir a fiestas, pasarme jugando juegos o asistir a ellos sin ningún beneficio?

- ¿Por qué leo tan pocos libros?
- ¿Por qué mi librería es tan pequeña o porque no tengo una librería?

Amigos las preguntas tienen poder y enganchan a la mente con el alma, con el espíritu, con el alma y les obliga contestar. Quiero que ese poder lo uses para encontrarte contigo y logres empezar una gran vida AHORA MISMO, vida dada por Dios para encontrarte con una razón de existencia que te haga extremadamente feliz y realizado. No dejes que el pasado lo impida. Tú puedes y lo harás porque puedes.

Lamentablemente muchos están tan perdidos en este mundo tanto que nunca se han hecho estas preguntas, ni siquiera las habían considerado. No seas uno de ellos. Que este libro sea un mensajero de esperanza, fe y posibilidad.

Te comparto un secreto de éxito. Ya no creas, ya no digas, ya no escribas que es imposible, porque todo lo que tienes que hacer es aprender a creer, a decir y usar la misma palabra imposible teniendo el valor de barrarle las 2 simples letras im y cree, di, escribe claramente sobre imposible, POSIBLE.

EL PASADO ERA IMPOSIBLE EL PRESENTE ES POSIBLE todo es al final un asunto de dos letras, permite el cambio, has el cambio porque es totalmente Posible. Cuando quise estudiar en un colegio en Guatemala mi propio papa me dijo que me era imposible y que no me daría el dinero para pagar la escuela. Claro el basaba su opinión por mi mal comportamiento. Pero a pesar de su opinión yo mismo fui y aun estando atrasado en toda educación me aceptaron he hice lo imposible, totalmente POSIBLE sin dinero para pagar la colegiatura.

Debe saberse que al final "La victoria más grande e importante es conquistarse a uno mismo." Dijo Platón. Nadie podrá conquistar nada ni a nadie a menos que conozca lo que desea conquistar y eso requiere trabajo y mucha diligencia y sinceridad para lograr esa victoria. Querido lector tú puedes ser diferente, lograr cosas y eventos diferentes en tu vida si tan solo te propones lograrlo pero para ello debes aceptar tu condición presente y asi usarla como palanca o motivador para ser o hacer lo que ahora sabes puedes ser. No hay venganza más grande para la opinión de que no servimos para nada y de que no podemos cambiar o lograr esto o aquello que los éxitos masivos al sumergirnos al cambio.

Este es uno de los grandes secretos de aquellos que empiezan una vida de éxito en cualquier área, "conocerse así mismo." "Aceptar su condición tal y como es y apalancarse o motivarse en ella para ir a la condición elegida conscientemente."

Conocerse a sí mismo paga bien y da grandes resultados. Hacer esto provee la oportunidad y la capacidad de salir del pantano de la miseria y lleva a un paraíso de posibilidades. Para una ampliación de este tema puedes conseguirte nuestro libro llamado "El Código De Toda Posibilidad."- www.miguelmartin. info No te arrepentirás ya que en este instante estas reconociendo tu futuro al aceptar tu presente como el inicio de una vida mejor.

El primer pensamiento, acto, paso, actitud, conocimiento, inspiración para empezar a vivir es tener un encuentro con uno mismo para conocer nuestra realidad, saber de verdad quien es uno, no lo que dice la escuela, la familia, la TV, libros, pastores, padres, tutores, filosofías, conceptos que han dictado que somos sino lo que en verdad somos por conocimiento propio.

La falta de conocimiento propio es lo que hace que muchos sean sonámbulos en la arena de la existencia y mediocres en el gozo de la misma. En otras palabras son personas que tienen vida pero una vida de aburrimiento, confusión y mucho estrés y no saben el porqué de esto.

Este estilo de vida son los claros síntomas de una vida sin propósito. De alguien que no ha aceptado su condición presente como oportunidad para empezar de nuevo en la vida. Deja la maldición de echarle la culpa a personas, familias, instituciones, eventos, circunstancias, abusos etc., de tu presente situación solo tú eres responsable.

Conocerse a uno mismo y reconocer nuestra condición requiere valor de encarar "la realidad" de quien es uno en verdad. Pero el miedo a esa verdad es la que hace que muchos vivan drogados en una fantasía de realidad falsa. ¿Cómo y en donde viven muchos esto? Lo vemos en una vida bajo deudas, teniendo el carro que no es de ellos, casa, ropa, ya que lo deben, drogas, fiestas, risas, bromas, alcohol, sexo descontrolado, todo esto como resultado de no reconocer que para cambiar hay que tener consciencia de la condición actual de uno mimo. La falta de este valor y paso en la vida ha hecho que personas vallan al fangal de la comodidad que ha intoxicado la mente y la persona no puede ver nuevas posibilidades y oportunidades. En esta condición solo ve limitaciones.

Conocerse así mismo y aceptar nuestra condición presente desenmascara el engaño en que hemos estado por voluntad y elección propia o del secuestro por los conceptos erróneos de la sociedad. Nos inicia a dejar nuestra pasada vida, además también que se puede tomar para una mejor existencia.

"Saldrás de cualquier condición mediocre si te decides expandir tu mundo con un cambio radical, aceptando tu verdadera condición actual" - Miguel Martin

Una vez se conozca uno conscientemente da extraordinaria razón de vivir y claro trae la oportunidad escondida y despierta la consciencia al potencial que poseemos. Una vez descubierto esto allí podemos empezar a poner una buena plataforma para emprender una vida de éxito. De esta manera ya no los conceptos ajenos, padres, escuelas, películas sino nosotros nos convertimos en arquitectos de nuestro destino.

Recuerdo bien el día en que me di cuenta de mi vida, de mi condición una vida intoxicada con la idea de que yo no podía ser diferente, ya me habían registrado como caso perdido, rebelde, malo, imposible de cambiar de carácter y mucho menos salir de la pobreza. Ese mismo día que mis amigos me ayudaron a reconocer mi condición y con la cual no llegaría lejos a menos que la reconociera y de allí escoger algo mejor y diferente, decidí tomar la única ropa que tenía, diciendo adiós a mi familia a los 14 años salí con rumbo a Estados Unidos del que solo había escuchado que podía darme una mejor vida.

Reflexionemos en la siguiente formula de un gran científico: "Si A es el éxito en la vida, entonces A = X + Y + Z. Donde X es trabajo, Y es placer y Z es mantener la boca cerrada." - Albert Einstein. Hagamos el trabajo que no hemos querido realizar y ese es el trabajo de encontrarnos con nosotros mismos primero y así descubrir que somos y que podemos cambiar y llegar a ser. Jamás habrá placer sensato si no hay reconocimiento de quien es uno en verdad.

Para conocer y aceptar tu condición actual y conocerse uno mismo es necesario que entres al proceso de las preguntas. Las preguntas del sistema MMEC son 3, Debes preguntarte y honestamente contestar:

¿Quién he sido?

_____

_____

_____

_____

¿Quién soy?

_____

_____

_____

_____

¿Qué soy?

_____

_____

_____

_____

¡Conocerse a sí mismo y reconocer nuestra condición es descubrir Oportunidad, Capacidad y Poder para empezar a vivir al máximo con sentido!

¿Aceptaras tu condición actual? ¿Usaras tu condición actual como palanca y motivador para salir a conquistar ese cambio de vida y escribir tu propio destino?

SI   **TALVEZ**   **NO**

Paso 1 en Practica

¿Qué aprendiste de este capítulo?

_____

_____

_____

_____

¿Qué te comprometes poner en practica inmediatamente?

_____

_____

_____

_____

"Creo y me he convertido a la teoría que la mejor escuela es la experiencia propia." — **Miguel Martin**

Libro El Lider Gladiador

Regla 2
Cansarte de Tu Condición

Vida Exitosa

"Al menos que usted cambie su forma de ser, usted siempre recibirá lo mismo." - Jim Rohn

Solo los que se cansan con y de su condición presente encuentran la visión de algo mejor. Sentirse mal de algo, ese malestar de alguna situación no siempre es malo casi siempre es el alarma del alma que esta por abrir una nueva puerta que te quiere llevar a donde jamás has ido. De otra manera es escavar tu propia tumba en vida.

Pero para empezar ese camino, ese futuro se debe cansar, desesperar, odiar con todas nuestras fuerzas la condición en que uno se encuentra estancado. A este encuentro con uno mismo se refiere el predicador Pablo al decir "¡Miserable de mí! ¿Quién me librará de este cuerpo de muerte?" – Romanos 7:24. Pero considerarse miserable como base para empezar no es un concepto convencional. Sin embargo es y ha sido la base de donde han surgido los más grandes hombres y mujeres de la historia.

Estas personas se fastidian con sí mismo porque finalmente se dan cuenta que pueden ser totalmente diferentes, mejores, nuevos constantemente. Usan ese malestar para su bien y ese mismo sentimiento, ese conocimiento da el poder que busca ayuda, mejoría y superación, una mejor vida, reconsidera el rumbo que lleva y escoge uno mejor para su existencia.

Nuestro mensa es claro deja tu "manera pasada de vivir" Efesios 4:22. – Déjala, no cargues con ella no sirve más que para empezar otra vez y con sentido. Se nuevo por tu propia elección. Puedes leerte otro de nuestros libros de desarrollo personal "El Poder De La Disciplina." – www.miguelmartin.info que ayudara a que comprendas los secretos y estilo de vida de los triunfadores y exitosos.

Es en esta encrucijada de vida que empiezas un nuevo camino y una ruta confirmada que te llevara a donde de verdad quieres llegar. No tengas miedo, empieza el cambio, anímate y vive "tu vida" no la de otro, ni la de tus miedos o conceptos errados pasados. Comienza hoy conscientemente enojándote con tu condición presente de mal carácter, esclavizado al trabajo, no tiempo para la familia, hipocresía en la religión, deudas por todas partes, problemas con personas, disgustos por todo. Tienes que salirte de ti y verte y decir "esto soy", "mira en lo que me he convertido" "wow mis propios pensamientos me han hundido" "no me gusta lo que tengo y mi forma de vivir".

Muchos no conciben pero esos molestares cosas que pasan en la vida, disgustos con personas, empleadores, religión, sentimientos, condición de estilo de vida, economía, vicios, malos hábitos, disgusto con profesión u oficio, accidentes y circunstancias inesperados son los factores del cambio, componentes, mensajeros que despiertan una nueva persona en sí mismo, engendran también un nuevo mundo, y de esta manera traen a la existencia el espíritu y la actitud de vida que permitirá produzcas en ti una nueva imagen, mentalidad y poder. Un nuevo y diferente YO. El YO consciente.

Los que reconocen su condición y están cansados con ella entienden la importancia de un cambio de mentalidad, la necesidad de una reforma de vida y un reavivamiento de sus facultades, poderes y capacidades. Todo despierta en ellos y vuelven a iniciar su siclo de vida solo que ahora con propósito.

Amigo tienes que decidirte cansarte de toda condición o situación que está matándote, consumiendo tu energía, vida, facultades y capacidades para algo mucho mejor. Con mucha razón nos dijo - Hugh Dillon. "La vida es demasiado corta para pasarla en la negatividad. Por lo que he hecho un esfuerzo consciente para no estar donde no quiero estar."

La educación convencional jamás enseñara esto. Por eso es que tanto gente educada convencionalmente y gente ignorante tienen la misma vida mediocre. Diferentes niveles de mediocridad. Comprendamos que cansarse de uno mismo lo lleva a uno a reconsiderar su persona, carácter, hábitos y vida. Es una escuela que pocos llegan a sus salones, Educación Inteligente. Cansarse de ignorancia lo lleva a uno a educarse, a investigar, a prepararse intencionalmente.

Personas educadas convencionalmente sin felicidad y éxito nunca se han encontrado con ellos mismo. Solo son la sombra, deseo, idea de otros. Ya que me tocó trabajar y mantener a mi familia en Guatemala por más de 10 años desde los 14 años de edad no pude ir a la escuela, pero mientras recogía excremento de perro, caballo, mientras sudaba cortando pasto, mientras le lavaba el carro al rico o su casa movible de vacaciones me decía a mí mismo, "¿para esto vine a Estados Unidos, al país de las oportunidades?". "No puede ser", "esto no es lo que quiero" y entre más y más me disgustaba con ese estilo de vida milagrosamente nuevos pensamientos surgieron, nuevas acciones, puertas se empezaron a abrir en mi camino, nuevas oportunidades me llegaron y sin saberlo empezaba a construir mi futuro. ¿Cómo empecé? ¿Cuál fue el motor que me inicio a una nueva vida? Disgustándome, molestándome, enojándome con mi condición en ese momento. Grite "esto no es para mí, puedo tener otra vida, otra condición, otra experiencia." También me dije "vine de Guatemala para entrar a Guatepeor, no puede ser." Use el disgusto como palanca, como inspiración, como motivación y desde ese momento surgió un nuevo Miguel Martin. Hoy soy constructor de un GuateMEJOR de vidas. (Aclaración uso Guate aquí con el significado de el Salvador, Honduras, Guatemala – mellizos (Vida, dos vidas etc y Argentina – corea de zapatos algo util jamás en el significado de Venezuela)

Cansarse de los pleitos con las personas, la familia, esposa, esposo, hijos lo llevan a uno a reconsiderar las palabras, sentimientos, pensamientos y conducta para con los demás   dando la oportunidad de mejorar, siempre mejorar. Amigos nosotros y no el político, pastor o psicólogo tenemos el poder de REACONDICIONARNOS. Se dijo: "El hombre que se puede conducir a si mismo una vez que el esfuerzo es doloroso es el hombre que ganará." -Roger Bannister.

Un día estaba solo, meditando y alguien me dice "que tienes, que te pasa," le dije y explique que tenía problemas con todos y que no entendía porque las personas eran así. Después de platicar a fondo me dijo "no te va a gustar lo que te voy a decir, pero veo que el problema eres tú, está bien que tengas problemas con uno o dos personas, pero con todos si es un problema y ese problema eres tú y no ellos." Ese día no pude realizar nada, esa noche no pude dormir. Forzosamente tuve que encontrarme conmigo mismo, obligatoriamente mi carácter se revelo y platico conmigo y en esa soledad, dolor, molestia y despertamiento de consciencia reconocí, acepte que el problema era totalmente yo.

Te confieso dure como una semana en shock, sorprendido de tal descubrimiento y en esa condición desgraciada, emocionalmente destruido nacieron nueva visión de mi carácter, personalidad y mentalidad y desde ese día entendí que si quería que las cosas cambiaran con las otras personas yo tenía que cambiar porque yo era el problema.

Honestamente les digo jamás volví a ser el mismo, allí hice una lista de mis males, genios, conceptos, y empecé a trabajar en mi persona y desde ese entonces verdaderamente comprendí y empecé a vivir el Potencial del Desarrollo Personal.

Todo cambio, se elevó, avance, crecí, mejore y logre éxitos que jamás había podido saborear en mi profesión. Por eso es que soy un apasionado de descubrir el potencial, la capacidad y posibilidad que cada humano tiene para el éxito en su vida. A mí no me contaron yo lo viví.

Comprendamos también que cansarse de las deudas lo lleva a uno a considerar las razones que nos llevó a ellas, a scr honestos de nuestras desgracias económicas y reconsiderar los hábitos de compra y ahorro. En mi vida hubo un tiempo que pensaba que lo que necesitaba para ser más feliz, y estar bien era obteniendo un aumento de salario, o tener más trabajos para lograr más entradas y así suplir todas mis necesidades. Sin embargo en todo eso en una ocasión uno de mis mentores me dijo "Miguel tu no necesitas más dinero, más aumento de salario, más trabajos sino tu contrariedad es que no le has dado valor al dinero ni a la importancia de la administración del mismo.

Ve a educarte financieramente y empicza a apreciar lo que ya tienes y empezaras a ver grandes cambios económicos." ¡Ah como me enojo ese consejo, me molesto, me disgusto y dije en mis adentros este está loco! Pero esas palabras llegaron a lo más profundo de mis entrañas y dije creo que tiene razón, voy a considerar lo que me dijo.

Deje de pedir más aumento de salario y empecé a darle valor a lo que ya tenía, empecé a organizarme con mi dinero y mi vida económica empezó a cambiar radicalmente. Pero nada de esto hubiera sido posible si no me hubiera disgustado con todo ahínco con mi condición económica mediocre que poseía. Era totalmente ignorante de la educación financiera de la que ahora tengo y gozo, comparto y sé que es posible salir de donde uno está pero tienes que elegir enojarte con vidas de parásitos sociales.

Este encuentro con uno mismo nos pone en la plataforma para rehacernos y otorgándonos otra oportunidad de salir de ellas educándonos financieramente. Ya sé tú dirás 'pero el dinero es malo, no sirve, no ayuda, no da felicidad' y en tu caso talvez es cierto. Sin embargo, dejemos claro que Dios no condeno el dinero, sino el "amor" al dinero 1 Timoteo 6:10, Dios no es padre de la pobreza sino el pecado, la desobediencia, la mala administración, de falta de reconocer todo nuestro potencial ha traído una sociedad llena de pobrezas desde económicas hasta pobrezas espirituales.

Deja la mentalidad de pobreza y empieza a buscar los conocimientos de la gente de Dios lleno de "riquezas" – Efesios 3:16. Por lo tanto hoy *"Acuérdate del Eterno tu Dios, porque él te da el poder de hacer las riquezas, a fin de cumplir su pacto que juró a tus padres, como sucede en este día." – Deuteronomio 8:18.*

El dinero, la plata, oro, diamantes, recursos, medios, formas de ser rico las provee Dios, pero como requiere una educación y posición elevada poquísimos las adquieren. Créeme amigo tu no necesitas más dinero, más trabajos, lo que necesitas es EDUCARTE FINANCIERAMENTE. Tienes ya todo lo que produce dinero y más pero Edúcate primero. Si lo que he dicho te ha capturado entonces en este mismo instante deja de leer y busca un mentor, un maestro, un amigo, un libro, un video, un curso, un seminario busca algo que te eduque financieramente.

Cansarse de la condición física nos llevara a reconsiderar nuestra dieta mental, física y emocional. Recuerdo bien el cómo vivía con   molestares físicos, dolor de cabeza y otros.

Disgustado con mi condición de salud conocí a un muchacho que estaba muy saludable, un cuerpo de fisiculturista nos hicimos buenos amigos y un día lo invite a comer en uno de los restaurantes. Para mi sorpresa yo pedí todo lo que contenía carnes, grasa y para tomar lo típico una soda pero el pidió unas tostadas con frijoles y ensalada, pidió que le quitaran el queso y que no le pusieran crema, no quiso tomar nada. Le pregunte porque esa comida y me dijo es la mejor, la dieta vegetariana.

Estaba yo confundido, el sano, fuerte y fornido y yo enfermo, débil y raquítico. Ah como me disguste y dije desde esa noche, "no, no, no yo no seré el mismo si a él le funciona una dieta vegetariana pues yo también implementare esa dieta" y desde ese día hasta hoy 2015 soy vegetariano por más de 20 años. Ah que recompensas grandes trae el aprovechar los disgustos de la vida. Aquí entre nosotros este es uno de mis secretos de éxito personal y el cómo los libros y frases se me han pecado por decirlo así, no fuera lo que soy en conocimiento sin este gran factor de cambio en mi vida. El vegetarianismo te provee una mente totalmente lucida si lo practicas sabiamente. Inténtalo no pierdes nada.

Cansarse del emplco nos llevara a considerar otros empleos, nos motivara a prepararnos para tener otras mejores oportunidades. Esto te hará convertir tu empleo en un centro de educación.

Cansarte de tu condición social te llevara a reconsiderar una nueva educación, negocio, y así tu propia empresa y oportunidad de empezar una vida empresarial donde gozaras de plena libertad financiera. Es increíble este principio del Disgusto Con Uno Mismo en el ser humano una vez descubierto es poder a nuestro favor.

El disgusto, el cansarse, el enojarse de la condición presente en este caso con el empleo, el trabajo o condición social usado como palanca uno empieza una nueva vida. Use este molestar a mi favor, estando en Guatemala dije – "yo puedo más que esto - vender fruta y helados en la calle" y gracias a esto emprendí mi viaje a Estados Unidos.

Ya en este país en el sur de California recogiendo excremento de perro y cortando pasto me dije "esto no es para mí, en este país debe haber otras oportunidades lo creas o no ese día me encontré con alguien que me dijo "ven, tengo una empresa si quieres puedes trabajar para mí." Quien me invito ese día era el dueño de la empresa.

Deje de recoger excremento y estar bajo el solazo. Me fui a trabajar a esta empresa relacionada a lo que fue Fleetwood en su tiempo. Ya estando en este nuevo empleo el dueño de la empresa me había puesto los ojos para algo más grande pero los que allí habían estado trabajando por años se pusieron celosos e hicieron todo para que me despidieran. Literalmente ese día molesto me dije: "debe haber algo mejor para mí y prometo regresar aquí y demostrárselos a los que me desearon el mal y despido."

El siguiente día me fui a parar en una esquina a esperar que alguien me recogiera para trabajar exactamente a las 10 am me recogió un americano y solamente habían pasado 3 horas o sea a la 1pm del día cuando me dijo "veo que te gusta trabajar y sabes lo que haces, te gusta aprender, sabes inglés y eres buen líder. La mayoría de mi gente es hispana y no sabe inglés. He estado buscando a alguien que sea mi mayordomo y tú eres el indicado. Si trabajas para mi te pagare salario y te daré mi troca para que te quedes conmigo y no busques otro empleo. ¿Aceptas? A las 2 pm yo ya era mayordomo de su empresa de roofing entre 30 a 50, 100 empleados dependiendo del trabajo.

El siguiente día me dijo "necesito que vayas a tal lugar" con gusto fui ya que en el camino estaba la empresa de la que me habían despido y me asegure de pasar allí a la hora de la comida para saludar a mis amigos y enemigos, cuando me preguntaron "y esa troca que traes de donde la sacaste" con gusto les conté la historia. Con razón dijo un famoso, "la mejor venganza de nuestros enemigos es el éxito masivo." Y como lo he disfrutado en la vida. Nunca, Nunca temas a la desgracia, males y disgustos traen oportunidades de éxito. Solo mantente atento.

Como he saboreado este crecimiento pero fue en tales empleos que descubrí que yo no nací para estar empleado sino para proveer oportunidades y por el poco espacio que tengo no contare todas las historias que me han llevado a donde estoy hoy pero si diré que ese disgusto, cansancio a condiciones, a posiciones, a órdenes de otros me llevo a despertar lo más íntimo en mí y me dije "empleado toda la vida jamás me permitirá dejar un legado a otros, yo no nací solo para estar empleado y ser parte de una gran empresa sino para tener mi propia empresa y ayudar a otros". Hoy he avanzado, logrado experiencia, posiciones, logros, cosas de las que gozo infinidades de beneficios que de otra manera jamás, jamás gozaría. Gracias al disgusto, enojo, cansancio con esclavitudes, conceptos, experiencias que tuve encontré otro mundo. Mi mundo.

Cansarse de esto o aquello recuerda te da el poder de cambiar y salir a otra experiencia o situación. Ya no dejes que esto o aquello te abrume. El cansarse, enojarse y disgustarse con X situación, pensamiento, relación te apodera para cambiar y ser lo mejor de tu clase si así lo elijes.

De ahora en adelante nunca ignores esas malas situaciones, relaciones, deudas y pobreza en educación pueden si quieres ser los peldaños para salir y ver lo que no has visto y vivir lo que pensabas era imposible. Despertar conciencia a esto pone en tus manos por decirlo así El PODER de levantarte, recrearte, ver lo que no habías visto y poseer lo que no habías tenido.

Tú puedes, se honesto y enfréntate hasta sacar lo mejor de ti.

Por lo tanto para empezar a sacarle provecho a los problemas, disgustos, molestares y cansancio de vida tienes que preguntarte la verdadera razón e intención de tus:

- Disgustos.
- Cansancio.
- Molestar.
- Pensamientos negativos.
- Sentimientos negativos.
- Problemas.
- Celos.
- Envidia.
- Deudas.
- Pobreza.
- Coraje.
- Miedos.
- Accidentes.
- Circunstancias inesperadas.

Te aconsejo que te propongas de ahora en adelante usar a tu favor ese mal sentimiento, pensamiento, palabras de disgusto con la vida, sociedad, religión, familia y en especial contigo mismo para engendrar La Vida que tú quieres y debes vivir.

Empieza ahora a investigar cómo salir de tu presente condición para tener una excelente existencia por un estilo y condición de vida elegido por ti mismo. ESO es lo que una consciencia despierta permite, te apodera para escoger tu propia vida. Entiende esto hoy y para siempre, cada ser humano y nadie más es responsable de su condición actual.

Si necesitas más ayuda en esta área no dudes en contactarnos que con gusto podemos aconsejarte, guiarte o ayudarte en cómo realizarlo con uno de nuestros servicios de coaching personalizado o grupal. Ve a www.miguemartin.info o llámanos al 1-214-945-2387.

Paso 2 en Practica

Escribe 3 cosas que te molesta demasiado y que usaras como motivador o palanca para ir a otro nivel en tu vida

1_____

_____

_____

_____

2_____

_____

_____

_____

3_____

_____

_____

_____

Regla 3

Establece tu Razón de Vida

Vida Exitosa

"Todo aquel que tiene una razón para vivir puede soportar cualquier forma de hacerlo." -Friedrich Nietzsche

Una vez **la conciencia ha despertado,** tenemos que darle, escoger o reafirmar visión, rumbo, razón a nuestra existencia. Hay dos días especiales en tu existencia 1 – cuando naciste de tu madre y 2 – cuando naces por tu cuenta y elección al mundo, a la vida, a la realidad, a tu potencial y capacidad.

El primero es impuesto el segundo es una elección y decisión. El día que uno nace Dios ordena en nuestra alma y existencia "Sea la luz y hubo luz" – Génesis 1:3, ahora vemos todo lo que no hacíamos, lo que podemos realizar por la Luz Divina Interna en nosotros nos hace ver las tinieblas que nos tienen atrapados en mediocridad. No hay excusas ya que todos en esta tierra comienzan con el mismo **capital de luz.**

Escrito esta "Aquella palabra era la Luz verdadera, que alumbra a todo hombre que viene a este mundo." – Juan 1:9. Entonces te dijo: Descubre tu Luz y úsala para encontrar tu razón de existencia. Nadie puede hacer esto por ti. Esta es la gran razón que todos aquellos que se encuentran trabajando en McDonald, una fabrica, en alguna posición gubernamental, empleo barato, cortando pasto para otro, limpiando baños, casas a los ricos, recogiendo excremento de perro o han descubierto que ese es su llamado de vida que lo dudo o simplemente siguen dormidos a su potencial y verdadera razón de vida.

La gran diferencia entre nosotros y los animales solamente es el poder de razonar, para entender lo que digo solo tienes que ver qué es lo que tiene una cerda y un caballo notaras que tienen todo lo que tiene una mujer y hombre físicamente menos la capacidad de razonar. **Quien teniendo la capacidad de razonar y elegir y no lo hace no es más que un animal con cerebro sin usar.** De estos hay muchos en el mundo, en las universidades, en las iglesias, en la sociedad y están influenciando a muchos con sus palabras negativas, conducta desmoralizadora, conceptos errados, les fascina justificar su pobreza, demandan compasión de todos y son necios cuando se les trata de hacer ver su mal y despertar conciencia a sus grandes posibilidades.

Entonces para usar al máximo lo que ya tenemos uno tiene que preguntarse obligatoriamente si de verdad quiere cambiar de vida, darle razón a nuestra existencia y ver éxito. Nuestro sistema MMEC pregunta:

¿Por qué existo?

_____

_____

_____

¿Cuál es mi razón de existencia?

_____

_____

_____

¿Cómo puedo cumplir con la misión de mi existencia?

_____

_____

_____

¿Mi vida es un destino o una elección?

_____

_____

_____

_____

¿Vine a pasear en el mundo o producir bendiciones?

_____

_____

_____

_____

¿Qué historia estoy escribiendo de mi existencia?

_____

_____

_____

_____

¿Cuál es el legado que dejare si muero?

_____

_____

_____

_____

Si nuestras respuestas a estas preguntas no son claras, sensatas y con un énfasis que bendigan a la humanidad tengo que informarte que llevas toda tu vida vagando en el mundo sin ninguna razón y meta válida para vivir. Y vas a la tumba sin haber descubierto tu razón con que el cielo te trajo al mundo. ¡Qué desgracia y pérdida!

Claramente se ha dicho que: "El secreto de la existencia no consiste solamente en vivir, sino en saber para que se vive."- Fiodor Dostoievski. Nota que descubrir nuestra razón de existencia es un secreto, la mayoría esta absorto en cosas, eventos, logros, chismes, dinero, empresa, negocio, ideas de otros que no saben porque ellos existen.

¡Dios ayúdanos a despertar! Por favor en este momento la única manera de despertar a tu conciencia es que la tomes y la sacudas, despiertes y le preguntes ¿Por qué nací? Y no es hasta que tengas una razón no has despertado. Encuentra tu razón de existencia.

No tienes que mentirte más evalúa tu vida y asegúrate de que estas contento o no, satisfecho o no, realizado o no. Nada forzoso, tienes que ser realista y honesto. No estar realizado en la vida en toda área moral, familiar, personal, económica, profesional, solo te da el valor de un gusano que solo existe para consumir y jamás producir. ¿Esta persona existe pero quien lo sabe?

"Un instante de lucidez, sólo uno; y las redes de lo real vulgar se habrán roto para que podamos ver lo que somos: ilusiones de nuestro propio pensamiento." - Emil Cioran (1911-1995) Escritor y filósofo rumano.

Para dar un paso inteligente entre lo que eres y puedes llegar a ser, tienes que detenerte dejar de hacer cualquier cosa que estés haciendo en este momento y enfocarte en lo siguiente y contestar: ¿para qué existo? No leas más hasta que estés satisfecho con tu respuesta.

Allí empezaras una experiencia que tú mismo te sorprenderás cuando encuentres "tu porquc existes." Entiende que una vez hagas este ejercicio mental debes proceder con escribirlo. Hazlo cuantas veces quieras que al principio será difícil pero encaminado en ello te sorprenderás de tus respuestas y sé que encontraras tu razón de existencia.

Los que viven vidas exitosas tienen bien claro quien son y porque existen. Jesús el gran maestro claramente dijo "Yo Soy Jesús." – Hechos 9:5. Sabía quién era, sabe quién es. No descubrirás tu razón de existencia sino estas dispuesto a tomar responsabilidad y cumplir esa misión. En mi caso no fue sino hasta que me hice esas preguntas que desperté y encontré la razón de mi existencia.

Siendo que estaba en todo inclinado a tratar con personas, en casa, la escuela, iglesia, negocios y el factor de todo esto era la influencia, las palabras descubrí que estaba llamado a ministrar a la humanidad **con el don del habla, con el poder de la influencia y el poder de la escritura** con todo ello sembrando semillas de **Esperanza, Posibilidad y las grandes Oportunidades** que todos tenemos. Con todo este proceso en mi vida y respuestas a estas preguntas me encontré con el proyecto de mi existencia - 'Miguel Martin Education Center'. Donde mi visión, misión y lema es:

Visión: "Sembrar semillas de esperanza, posibilidad y oportunidad en cada humano con el que me encuentre."

Misión: "Servir a la humanidad, ayudándola a tener nuevos paradigmas mental, espiritual, emocional y físico. Inspirar un mejor y productivo futuro ayudándoles a vivir un presente con sentido."

Lema: "Educar Lideres, Despertar Conciencias, Creando Futuros."

Todo lo que hago con mi empresa, presento en seminarios, charlas, actividades, libros audios, videos, programas, redes sociales, conversaciones, cartas, está relacionado a **Educar, Despertar y Crear** un nuevo pensamiento, nueva persona y vida.

Si gustas puedes leer más de mi historia en mis libros "Como Joven Cristiano Caí Pero Me Levante y El Código De Toda Posibilidad" – **www.miguelmartin. info** Una vez descubierto mi razón de existencia empecé a vivir y vivir exitosamente, con mucho sentido. Esta es la única razón que estoy aquí y me he convertido en un activador de Oportunidad, Posibilidad, Bendición – DESPERTANDO CONSCIENCIAS *a su potencial* y el cómo pueden llegar a ser lo que Dios quiso desde el principio para ellos, ¿cómo? Sembrando **semillas de** *esperanza* en cada ser humano que me encuentro en el camino.

No importa a donde estas, quien es tu familia, educación convencional o si tienes o no mucho dinero. Lo que sí importa y mucho es encontrar la razón de nuestra existencia esto es lo que hace la diferencia, hace que la vida tenga valor, razón y de esta manera uno ya no tiene tiempo para chismes, problemas creados por celos y envidia insensata. Y la simple razón es porque quienes saben porque existen están tan ocupados que no tienen tiempo para la mediocridad y pérdida de tiempo roba sueños, visión y misión.

Jim Rohn en el tema nos dice: "La pregunta más importante para hacer en el trabajo no es "¿Que estoy ganando?" la pregunta más importante en realizar es **"¿En qué me estoy convirtiendo?"**

Amigos, la vida es corta y la mayoría jamás la prueba un poquito. Lamentablemente muchos se quedan sin descubrir porque existen menos cumplir su razón de existencia.

Esta es la razón que la mayoría de personas y naciones, políticas, conceptos en su mayoría son socialistas, comunistas y pobres palabras del mismo palo que creen que todos somos iguales, necesitamos lo mismo y que podemos vivir sin mejoría sino a la merced de la circunstancia.

Echa un vistazo y nota que en todos los países que creen en Dios y el evangelio veras su prosperidad en todo, son naciones civilizadas, pero donde se ha negado a Dios son naciones no desarrolladas, no civilizadas y totalmente sangrientas, pobres en su mayoría y atrasados en el desarrollo personal. No entienden el potencial del humano y los tienen a todos con un cinto en una mano y en la otra una manzana con chocolate en la punta para motivarlos.

Dios creo a cada humano, especialmente los que profesan conocerlo a ser "cabeza" en todo no "colas" lo que la mayoría se ha vuelto en la vida. Deuteronomio 28:13. Deja de ser cola y conviértete en cabeza en tu vida, en tu comunidad, en tu hogar, en tu iglesia, en tu empleo, en tu empresa o en la empresa. Pero esto solo puede lograrse cuando se encuentra y tiene claro la razón de nuestra existencia, tu existencia, tu vida.

He escrito este libro porque sé que aún hay oportunidad para ti para cumplir tu misión en esta tierra.

Tú debes estar claro porque estás aquí en este mundo si quieres disfrutar el éxito y cumplir tu razón de existencia. Créeme una vez encuentres tu razón de vivir la vida será una delicia e inspiración siempre de algo mejor.

Comprende que en ese descubrimiento nacerás orgánicamente, ¿porque? Porque nadie puede ocupar tu lugar, tu talento, tu persona y por lo tanto todos podemos ser orgánicos en lo que es nuestro llamado, vocación, creación, invento, servicio, ministerio, profesión etc.

MMEC cree en vivir al 300%. Por lo tanto para lograr y vivir al 300 % nuestro propósito de existencia es importante que cuidemos la base de control de toda nuestra vida – la mente. Apreciar y usar todo lo que tenemos – la voluntad, nada de esto se puede y se goza si no hay salud, quien posee salud puede todo y vive todo porque Dios es vida y está presente, recuerda Dios solo vive en gente viva, totalmente viva.

Te afirmo que cuando uno se encuentra con su misión no solo la vida llega a tener sentido, propósito, visión sino que esa misma experiencia milagrosamente te trae a una posición donde recibes o puedas suplir todo lo que necesitas, deseas, sueñas y vienen con creces. Por eso es que, si analizas bien solo la gente que está viviendo su llamado, quien está totalmente vivo, quien declara su razón de existencia no solo son felices sino satisfechas y aun sus riquezas aumentan en todo.

Al terminar este capítulo considera Las Preguntas y Pensamientos MMEC que pueden guiarte a encontrar tu razón de existencia:

- ¿Por qué existo?
- ¿Para qué existo?
- ¿Cuál es la razón de Dios al Crearme?
- ¿Son todos los humanos robots?
- ¿Qué me hace diferente a los animales?
- ¿Qué me hace diferente a los demás humanos?
- ¿Sera que todos nacimos solo a procrear hijos?
- ¿Sera que todos solo nacimos para llorar, comer y dormir?
- ¿Qué dones y talentos tengo que me hace diferente a los demás?
- ¿Qué conocimientos poseo que me forma y hace diferente a otros?
- ¿Por qué puedo pensar o razonar?
- ¿Cómo puedo usar mi capacidad de razonar para elegir mi razón de existencia?

Una manera simple para descubrir tu llamado, tu razón de existencia debes investigar y ver a que estas inclinado, que te gusta hacer, de que te gusta hablar, que te gusta leer, que profesión escogiste u oficio.

Te gusta la música, entonces talvez viniste a contribuir con música para alegrar la existencia de otros. Sé un músico.

Te fascina la naturaleza, el humano es posible que eres creado para hablar de las maravillas de la creación por medio de la Biología.

Te gustan las letras codificadas tal vez eres llamado a ser poeta para inspirar a otros y hacer que este mundo sea la bendición por la que fue creado expresándola por medio de frases simbólicas.

Si te gusta hablar no dudes que has llegado a este mundo con misión de suma importancia, ser un comunicador ya que el habla es un don para traer mensajes a la humanidad, escoge tu razón y dilo al mundo.

Eres tocado, influenciado cuando alguien es abusado entonces talvez eres el ángel guardián de la humanidad. Establece centros de ayuda, consejería etc.

Si tu inclinación es la comida, la cocina y eres creativo con ella creo que tienes la bendición de enseñar Gastronomía, educar a otros como comer mejor sanamente, con gusto e inteligencia.

Te fascina las cosas religiosas, te gusta compartir el conocimiento de Dios entonces tienes el llamado a ministrar, pastorear enseñar etc.

Si te gustan las letras es posible que eres llamado a escribir, explicar, libros, inspirar, enseñar, educar con la letra.

Te atrae todo lo que es comercio. Te han dicho que eres un buen vendedor o que les deleitas con esas empanadas, tamales, bebida etc. Entonces sin miedo empieza tu propio negocio o empresa.

Te llama la atención de la condición de la sociedad y te gustan las leyes talvez tienes una misión en la política o jurisprudencia.

Eres creativo, siempre estas inventando cosas o eres un inventor o emprendedor.

Te gusta y atrae el dinero. Posees dinero, le das el valor correcto, conoces como administrarlo, invertirlo, sabes cómo multiplicarlo no dudo que eres llamado a ser un inversionista, consejero en economía. Algo que carece mucho nuestro mundo.

Te gusta todo lo que es imagen, fotos, etc. Entonces considera el mundo de la fotografía. Una imagen dice más de lo que un libro podría decir.

Te fascinan los niños, jóvenes, adultos y siempre estas con ellos enseñando o sirviendo entonces tienes el llamado a ser maestro, consejero, psicólogo, mentor etc.

Te fascina todo lo relacionado a la dieta y nutrición entonces tienes el llamado a ser nutriólogo.

Esta es la manera más fácil de descubrir nuestra razón de existencia de otra manera podemos por nosotros mismos escoger una y trabajar en ella, adquirir la educación, lograr los hábitos, establecer la disciplina hasta llegar a serlo. El punto es que de cualquier forma uno puede descubrir o escoger una razón de existencia. Pero sin ella o estamos dormidos por entrar en coma o estamos a punto de morir sin descubrirlo. ¡Qué perdida de existencia!

La regla es, *si naciste, existes, traes contigo* alguna semilla, talento, don, capacidad, poder para bendecir que nadie más puede tener y exponer, solo tú.

Paso 3 en Practica

¿Cuál es tu razón de existencia?

_____

_____

_____

_____

_____

¿Entre lo que haces ahora y lo que has identificado como TU razón de existencia cuan cerca estas?

_____

_____

_____

_____

¿Qué Necesitas para implementar tu razón de existencia?

_____

_____

_____

¿Qué tan pronto implementaras tu razón de existencia?

_____

_____

_____

"Toda persona responsable sabe lo que busca, quiere y edifica." – Miguel Martin
Libro El Noviazgo Cristiano

Regla 4
Activar el Poder de Decisión

Vida Exitosa

*"El éxito consiste en vencer el temor al fracaso." -
Charles Augustin Sainte-Beuve (1804-1869) Escritor
y crítico*

Muchas personas logran pensar y especulan en
grande pero eso es lo más elevado y magno que logran no
salen de pensar y querer ser o tener. Lamentablemente
la gente que solo hace eso está en la masa de fracasados
en la vida y algunos pagan de adelantado en ese estilo
de vida. Nunca, nunca llegan a tomar una decisión
de avanzar para realizarse sus pensamientos, ideas.
Quienes no entienden el cómo activar el poder de
decisión no comprenden que el poder de la voluntad
adormece y así el éxito de ellos en todas las áreas. No se
deciden realizar lo que tanto piensan o quieren. Sobre
el tema y mayor enseñanza te recomiendo los libros "El
Poder De Pedir, El Líder Gladiador y El Código de Toda
Posibilidad." – www.miguelmartin.info para iniciar un
nuevo sendero en tu vida si hasta ahora no has dado
ese paso.

Al reconocer el poder de la decisión y utilizarla
usamos el gran poder de "Libertad" – Isaias 61:2, que
Dios nos ha dotados a todos para realizar nuestro
destino. Abrimos la fuente de todo nuestro potencial
y posibilidades. Nuestra mente se sintoniza con el
universo y el universo contribuye a nuestros deseos
y esfuerzos. Desde ese punto en adelante "todo es

45

posible, posible es todo." El deseo de Dios que todos participemos de "la gloriosa libertad de los hijos de Dios." - Romanos 8:21.

"Todos los días Dios nos da un momento en que es posible cambiar todo lo que nos hace infelices. El instante mágico es el momento en que un sí o un no pueden cambiar toda nuestra existencia." - Paulo Coelho, Escritor brasileño.

La mala noticia es que estas personas como no reconocen ni enfocan sus pensamiento en tomar decisiones esta energía es convertida, estos pensamientos, aspiraciones en celos, envidia y quejas en que los demás tienen ¿por qué hacen esto o aquello mal? o al final creen que el éxito de otras personas es asunto del mal. Ver a alguien más prosperar es tabú. Estas personas le tienen miedo al éxito y aun lo condenan sin conocimiento. Por eso "El hombre que pretende verlo todo con claridad antes de decidir nunca decide." - Henry F. Amiel (1821-1881) Escritor suizo. Bien dicho, ¿eres uno de ellos? ¿Eres alguien que toma decisión a realizar lo que quiere o eres tardo en tomar decisiones?

Sabes lo que me llevo a dejar Guatemala, fue una decisión no fue el dinero ni solo el pensamiento, para llegar a Estados Unidos. Así fue cuando tuve la oportunidad de ir a Europa, Asia todo fue una decisión enfrentando los miedos y demonios de obstáculos etc.

Te cuento la primera vez que fui a Inglaterra no fue por negocios o conferencias sino porque el avión que nos debía trasladar de España a Estados Unidos se descompuso y todo cambio. Llegando al mostrador me reciben con el siguiente mensaje. "Sr. Martin tenemos dificultades con el vuelo a Dallas Texas pero tiene dos opciones espera hasta mañana aquí en Málaga o viaja con nosotros a London Inglaterra y esperar un día para luego enviarlo de allí a Estados Unidos en otro vuelo..." Tenía que tomar una decisión en ese instante, los miedos surgieron, las preguntas y sobre todo "quien va a pagar mi estadía allá" lo que no había preguntado. Me dije - "si ya vine a España pues que sea también London." Una pausa... y luego me dicen "nosotros pagamos todo en Inglaterra."

Sin saber a dónde iba estaba en el avión en la siguiente hora. Al llegar nos trasladaron a un hotel no menos de 1500 dólares por noche con alrededor de 5 buffets de comida, piscinas, sauna, jacuzzi etc. y lo más rico es que todo pagado. Tuve todo un día para conocer London GRATIS, mi vida cambio totalmente, ver esos monumentos y cultura de lo que un día fue el imperio más grande del mundo. Si en ese momento me hubiera dejado dominar por mis miedos y preguntas negativas jamás hubiera conocido por adelantado Inglaterra.

Las personas que viven éxito conscientemente activan el poder de la decisión, usan el poder 'libertad' que tienen de actuar, de empezar y hacen en el ahora. Estas personas activan y usan su capacidad de decisión fiel y consistentemente. Nunca se quedan atrasados con el ¿qué hubiera sido si hubiera tomado una decisión? Ellos siempre viven sus decisiones.

Sepamos entonces que la decisión es activada con:

• Estableciendo visión.

• Escogiendo una misión.

• Empezar con lo que hay.

• No complicarse con el futuro.

• Las cosas que valen la pena no pueden esperar.

• Usar lo que se tiene.

El conocimiento poseído lo convierten en hechos, realidades, proyectos, metas, visión, misión, profesión, vocaciones, dinero, empresa, libros, carreras, productos, servicios etc.

Tener fe.

Si hoy no te detienes y conscientemente tomas la decisión de que tomaras decisión inmediata a conocimiento adquirido te volverás un ignorante voluntario. Por eso entiende que: "Llega un momento en los asuntos de los hombres en que hay que coger el toro por los cuernos y enfrentarse a la situación." - W. C. Fields (1879-1946) Actor y cómico estadounidense.

Está bien plasmada en mi mente aquel día cuando alguien me dijo que grabara una presentación en el año 1996 la idea era totalmente nueva para mí. No tenía experiencia, no poseía equipo. No sabía para nada grabar audio. Sin embargo esa misma tarde un amigo me presto un karaoke y por primera vez grabe mi voz en un casset. Simple acción, esa decisión me abrió la puerta al mundo de audio, visión digital, los videos, a los CDs, al internet y audio libros.

Las decisiones tienen poder. Cada experiencia es diferente pero la misma ley para todo hay que tomar una decisión. No tiene que ser como mi historia. Puede ser en área de tus relaciones, trabajo, economía, religión, vida social, hijos, amigos solo tú sabes en que debes tomar decisión y te aconsejo que no vallas por una decisión, sino decídete realizar decisión masiva. Vinimos a vivir entonces MMEC te pregunta ¿porque no VIVIR al máximo?

Paso 4 en Practica

¿Qué decisiones activaras inmediatamente?

_____

_____

_____

_____

_____

Regla 5
Una Estrategia

Vida Exitosa

"(…) En la estrategia todo resulta muy simple, pero no por ello muy fácil. Una vez que, por las relaciones de Estado, se determina lo que la guerra podrá y tendrá que ser, entonces el camino para alcanzar esto será fácilmente encontrado; pero seguirlo en línea recta, llevar a cabo el plan sin verse obligado a desviarse mil veces por mil influencias variables, requiere, además de fuerza de carácter, una gran claridad y firmeza mental." - Carl Von Clausewitz

Una de las cosas que debe tener una persona de éxito para todo es una estrategia de cómo empezar, ejecutar y los resultados que espera. Aunque se debe decidir lo más pronto posible hacer o empezar algo nunca debe realizarse sin una estrategia inteligente.

Señalando la importancia de una estrategia se refiere la historia que encontramos en Eclesiastés 9:13-16. "También vi esta sabiduría debajo del sol, que me pareció grande: Había una pequeña ciudad de pocos habitantes. Vino contra ella un gran rey, y la cercó con grandes baluartes. Vivía en ella un hombre pobre pero sabio, que con su sabiduría libró la ciudad. Y nadie se acordaba de aquel hombre pobre." La estrategia, ella es el puente entre querer y tener, sin estrategia estás perdiendo el tiempo, no podrás conquistar tu "ciudad" simbólica.

"El éxito no se logra sólo con cualidades especiales. Es sobre todo un trabajo de constancia, de método y

49

de organización." - J.P. Sergent. Quienes no tenga una estrategia para lo que desean o de vida en general están destinados a fracasar, a vivir disgustados e insisto endeudados con todos y por todo.

La vida es como un juego. La diferencia de tener una estrategia está en la elección de que hacer o ser en el juego. Si tenemos una estrategia somos los jugadores y buscadores de buenos resultados, buscamos ganar. Si no tenemos estrategia la vida, las personas, los conceptos, los problemas, las circunstancias jugaran con nosotros. ¿En el juego de la vida donde estas o que eres? ¿Cuál es tu estrategia? En otras palabras tu estrategia está íntimamente relacionada a tu razón de existencia.

En mi caso mi estrategia en relación a mi llamado de autor comenzó así. Fue en el 2001 cuando decidí empezar a escribir, tenía 21 años cuando despertó en mí el espíritu de escritor. Como no tenía ni idea ni experiencia mi estrategia para desarrollar el talento fue: Para ser un escritor orgánico y eficiente necesito, leer libros sobre escritores, poetas y todo lo relacionado a cómo escribir libros. Leer un libro todos los días, escribir algo todos los días, evaluar cada semana. Compartir lo escrito con alguien cada mes. Al año evaluar progresos. En un año leer enciclopedias, diccionarios, sinónimos y antónimos. En dos años leer más libros sobre frases célebres, anécdotas, historias. En tres años leer libros, artículos sobre biografías de personajes nacionales como internacionales. En cuatro años leer libros sobre política y políticos y quinto año libros sobre novelas y ficción, sexto año leer libros sobre organización y administración. Séptimo año leer libros solamente de motivación, desarrollo personal etc., etc. Me propuse invertir mi dinero en libros, le comente a amigos que no me regalaran nada que no fuera un libro. Parte de mi estrategia fue coleccionar periódicos. Todo lo que contenía escritura era parte de mi biblioteca. De esta forma de manera milagrosa surgió Miguel Martin el escritor. Repito la estrategia tiene poder de llevarte a lograr tus metas y sueños. ¿Quién dijo que no se puede, si pude yo tu puedes también?

Son pocos los que usan una estrategia para lograr sus planes y proyectos porque ella requiere sabiduría y tiempo. Sí, ellos son sabios e inteligentes. – Éxodo 31:6. Esta sabiduría requiere preparación y consagración a un destino, a una misión.

Una estrategia incluye el proceso, los recursos y se asignan las responsabilidades y responsables para el logro de tal proyecto, meta o plan de vida. Escrito esta "Para el sabio el camino de la vida lleva hacia arriba, para evitar que descienda al sepulcro." – Proverbios 15:24. Quienes no tengan estrategia pensar y decidir actuar es nulo, muerte, fracaso con anticipación ya que la estrategia es la espina dorsal de cualquier idea, sueño, plan, proyecto, misión sin ella solo se está pasando por la vida. Si gustas más ideas de cómo implementar una estrategia léete nuestro libro "El Código de Toda Posibilidad y El Poder De La Disciplina" o podemos ayudarte a comenzar una estrategia de vida o dar consejería en algún plan que tengas y desees ejecutar contáctanos en www.miguelmartin.info o llámanos al 214-945-2387.

Entiéndase ahora y para siempre que "La estrategia es la herramienta que permite intervenir en el futuro para amoldarlo a nuestras necesidades y aspiraciones." - Jorge González Moore.

- Para una estrategia se necesita tener establecido:
- Visión de la vida.
- Misión en la vida.
- Una meta u objetivo.
- Recursos.
- Identificar posibles obstáculos de antemano.

- Identificar posibles o enemigos de antemano.
- Identificar el margen de sacrificios.
- Identificar el precio exacto o aproximado para lograrlo.
- Persona o personas.
- Periodo de tiempo.
- Comienzo, evaluación, fin.
- Plan A, si falla, Plan B, Plan C.

La estrategia sencillamente es el proceso o el camino que se utilizara para el logro de lo deseado y planeado.

Paso 5 en Practica

En un cuaderno tu computadora toma tiempo y contesta

- ¿Cuál será tu estrategia de Crecimiento Personal?
- ¿Cuál será tu estrategia de empresa o negocio?
- ¿Cuál será tu estrategia matrimonial?
- ¿Cuál será tu estrategia de vida?

El mismo principio se aplica en cual área.

"Recordando que el éxito o prosperidad en un verdadero humano exitoso no es el lograr vivir como el común, no nada eso, una persona disciplinada es aquella que ve más allá de lo cotidiano, aspira un horizonte diferente, tiene metas claras y anti común" – Miguel Martin

Libro El Poder De La Disciplina

Regla 6

La Acción

Vida Exitosa

"Actuar es fácil, pensar es difícil; actuar según se piensa es aún más difícil." - Goethe (1749-1832) Poeta y dramaturgo alemán.

Vivir el éxito requiere tener el hábito de actuar, llevar lo planeado a la acción es inmensamente necesario para triunfar. Las personas que viven éxito *conscientemente activan el poder de la decisión e inmediatamente,* usan el poder que tienen para actuar, de empezar y hacen. El mandato para cada humano es: *"Todo lo que te venga a la mano para hacer, **hazlo** con toda tu fuerza;* porque en el sepulcro adónde vas, no hay obra, ni planes, ni ciencia, ni sabiduría." – Eclesiastés 9:10.

Como vemos el poder de actuar esta en cada humano. Todos pueden usarla pero como requiere valor, entrega, determinación y visión la mayoría no se anima, solo piensa y no actúa en dirección a lo que desea en su corazón de esta manera viven una vida peor que los que ni siquiera piensan. Se vuelven doblemente desafortunados. Si quieres tener otra perspectiva y mejores ideas de cómo salir a la acción y ser un campeón léete nuestro libro "El Líder Gladiador" –

Escribamos en mente y en cada experiencia que: "Una buena acción es una lección insolente para los que no tienen el valor de ejecutarla." - René de Chateaubriand (1768-1848) Diplomático y escritor francés.

Soy creyente de que "La Acción dice más que las explicaciones." He aplicado esto en toda mi existencia. Una de las más grandes decisiones y acciones fue creer que yo podía escribir libros. Recuerdo era a las 11pm de la noche que platicando, aconsejando a alguien me dijo: "oiga y porque no escribe todo esto en un libro." Le dije "está loco, yo no soy escritor" me respondió tú ya tienes la información solo tienes que escribirla" le agradecí por la idea y terminamos nuestra conversación. Acostado sobre esa alfombra empecé a pensar "escribir, escritor, autor eso no es para mí" pero algo en ese momento no me dejaba en paz que hizo levantarme empecé a buscar un cuaderno para escribir y no encontrando nada tome una servilleta y allí comencé mi vida de escritor. No me quede solo con la idea, actué inmediatamente. Quien no actúa no ha nacido. Quien no actúa no ha empezado a vivir su vida. Quien no actúa no ha saboreado su existencia. La acción es vida y prosperidad.

No hablamos de acción sin sentido, hablamos de acción inteligente, acción con conocimiento, acción con visión, acción MASIVA CON o SIN MIEDO ACCION MASIVA TE llevara donde jamás has estado y si no logras lo que deseabas al menos te darás cuenta que jamás estarás donde estabas, estarás en un lugar nuevo y totalmente diferente. Sigue con acción y acción masiva en todo, todo lo que deseas y por ley tendrás resultados.

Pero talvez la siguiente *acción masiva* lo dirá todo de mí. Cuando me propuse escribir libros no contaba con el tiempo que ahora tengo como empresario, hoy tengo tiempo de sobra aun para vacacionar. En aquel entonces aplicando el principio de la honestidad yo no contaba con el tiempo del día ya que debía trabajar para la empresa que me tenía contratado. Por lo tanto solo contaba con la parte de la noche para dormir. Un día me dije "Miguel si quieres avanzar tus sueños tienes que hacer algo que nadie esté dispuesto a realizar. O esperas años hasta que dejes este empleo o empiezas

AHORA. Por ética moral no puedes ni debes usar el tiempo por el cual te pagan para realizar tus trabajos. Así que legalmente cuentas solo con las horas de dormir que con alrededor de 8 horas por noche." No teniendo otra opción decidí que mi acción masiva seria usar el tiempo que si tenía que era mis horas de dormir.

Así que en lugar de dormir muchas noches de mí vida me dedique a escribir. En ocasiones pasaba 2 a 3 noches sin dormir para logar un capítulo de mis libros. Sin embargo había ocasiones en que no dormía por una semana. Podrás decirme que estaba loco o fuera de mente pero para mí era como vivir, era mi sueño de vida, era mi futuro, era mi plan, era mi meta y por lo tanto no solo he actuado en lo que creo sino he vivido acción masiva esa que trae resultados.

Si tienes algo en mente que traerá un servicio, un producto, negocio, ministerio, empresa o beneficio a la humanidad jamás dudes de actuar. Has lo que tengas que hacer pero hazlo y gózate en ver su realidad y ve con la historia diciendo que eres una persona de acción dejando un legado. Nunca esperes, empieza ahora.

Si quieres saber si eres o no una persona de acción o necesitas activar ese poder sigue el siguiente consejo de MMEC para poner en práctica el paso 6:

- Si tienes una idea de hacer algo, **ve y hazlo.**

- Tienes planeado organizar tu closet o garaje, **ve y hazlo.**

- Tienes el deseo de unas vacaciones, aun sin dinero ve y hazlo (yo he tomado vacaciones sin dinero y las he gozado)

- Tienes en mente una nueva empresa, producto o servicio, **ve y hazlo** inmediatamente, no esperes que otro lo hará.

- Quieres escribir un libro, **ve y hazlo** y lo más interesante es que puedes escribir un libro de lo que sea, si, de lo que sea.

- Has pensado en estudiar o terminar la escuela **ve y hazlo.**

- Has pensado en un presupuesto de familia, un ahorro, **empieza y hazlo**.

- Quieres y has pensado en bajar de peso, **ve y hazlo.**

- Lo que sea que quieras o deseas, piensas o añoras **ve y hazlo.**

Si después de estos consejos solo piensas y no actúas por favor ya no sigas leyendo que será una pérdida de tiempo para ti y para mí. **El cambio es ahora.** No importa la hora que sea, el día o mes o año, **HAZLO AHORA**.

Regla 7
Desarrollo Personal
Continuo

Vida Exitosa

"Las personas crean su propio éxito al aprender lo que ellos necesitan aprender y luego al practicarlo hasta que se vuelven excelentes en esto." - Brian Tracy

Solo las personas conscientes de vida, capacidad y potencial saben lo significativo que es una vida de desarrollo personal. A esto se refería el predicador Pablo al decir "Hermanos, yo mismo no pretendo haberlo ya alcanzado; pero una cosa hago: olvidando ciertamente lo que queda atrás, y extendiéndome a lo que está delante, prosigo a la meta, al premio del supremo llamamiento de Dios en Cristo Jesús." - Fil. 3: 13, 14. *Es necesario y es crucial que uno se mantenga aprendiendo y desaprendiendo.* Esto requiere total honestidad ya que algunas o muchas cosas sorprenderán y notaras que es la causa que ha impedido el éxito verdadero en tu vida.

"Todo crecimiento depende de la actividad. No hay desarrollo físico o intelectual sin esfuerzo, y el esfuerzo significa trabajo." -Calvin Coolidge.

Aprender para MMEC significa obtener nuevos conocimientos y pautas a seguir para seguir creciendo intelectualmente, emocionalmente, espiritualmente y físicamente. Sin embargo son muchos los que no han reconocido que tienen el poder de aprender, educarse, someterse a una disciplina de desarrollo personal y por ello son raquíticos en su carácter y personalidad. Ni hablar de sus familias y finanzas desastre total.

Desaprender para MMEC significa encontrar esos malos pensamientos que lo han limitado a uno e impedido crecer, malos hábitos, malas emociones, conceptos incorrectos, practicas equivocadas para desarraigarlas con conocimiento y practicas diferentes y nuevas para con ello dar un rumbo diferente a nuestra vida. Job lo resumió así: "¿Cuántos males y pecados tengo yo?" - Job 13:23.

Nos dijo Brian Tracy y bien dicho: "Desarrolle sus ventajas; pequeñas diferencias en su desempeño pueden llevar a grandes diferencias en sus resultados."

El desarrollo personal involucra sinceridad con uno mismo, reconocer esos rasgos malos y negativos. Se requiere mucho valor reconocer nuestro males y más para corregirlos y mejorar como persona. Si tan solo aplicáramos esta regla en la vida, nuestra existencia seria genial y triunfante.

Nuestro carácter, la personalidad, la espiritualidad, la familia, la psicología, nuestro empleo, profesión, economía, tristezas y goces, fracasos y éxitos deben ser evaluados constantemente de tal manera que uno *esté consciente de sí mismo, reconocer los cambios necesarios y creciendo consistentemente*.

Por naturaleza yo soy colérico y todos los estudiosos y psicólogos saben que una persona colérica es un problema si no se educa, controla, balancea y aplica una gran dosis de paciencia en todo su estilo de vida. De otra manera testifico que había estado metido en muchos problemas. Por lo tanto estoy sometido conscientemente un constante desarrollo personal. En una ocasión estaba en una junta de negocios cuando la junta tomo un rumbo que no era el que deseaba y además iba en contra de mis propuestas. No pude vencer y me enoje dejando todo en la mesa y no solo me salí de la reunión sino que renuncie a mi posición de la mesa de ejecutivos. Compañeros al ver mi actitud me dejaron ir. Días después medite, recapitule toda la escena y cada vez que la analizaba me preguntaba ¿Qué me paso? ¿Por qué perdí los estribos? ¿Dónde quedo todo mi conocimiento? ¿Qué le pasa a mi carácter? Pero esta situación me llevo a un examen más profundo preguntando ¿Qué puedo hacer para superar estos males en mí? A pocos días después recupere mi posición en la mesa de ejecutivos y continúe con mis actividades pero las consecuencias han sido fuertes y largas. Más tarde fue usado en mi contra al escalar a posición mayor, siempre lo usaban mis enemigos para hacerme ver mal y no apto para otras posiciones. Ahora tenía dos problemas mi descontrol de actitud y una vez vencido este ahora cargar con las consecuencias siempre a la expectativa en cada elección y ahora quien va a sacar mi pasado. Sabes cuál fue la fórmula para vencer esta tacha en mi vida ejecutiva aquí te va. Reconocer mí mal, escribir mí mal en papel sin evadir ninguna, reeducar mi carácter, elegir nuevos hábitos, volver intentar y demostrar con hechos que he cambiado. Todo esto se llama desarrollo personal continuo. Así fue como descubrí la gran necesidad del Desarrollo Personal.

Aunque esta historia es negativa aquí te va otra para enfatizar el punto. Cuando por primera vez me eligieron como líder de un grupo de personas inmediatamente me di cuenta que me hacía falta mucho por desarrollar si quería tener éxito. Así fue como descubrí el Poder Del Desarrollo Personal de un líder. Uno esta obligado a mejorar, superar, elevarse si desea guiar con inteligencia, sabiduría a las personas. Tome el toro por los cuernos o sea me propuse primero encontrar el líder en mí, luego crearlo, educarlos, desarrollarlo y así madurarlo. Esto me llevo a empezar a observar a todo líder que me encontraba desde un político, atleta, ministro, actor, cantante etc. También

59

esto me sumergió al habito de la lectura. Me dije "si quieres ser un líder del montón piensa que ya eres líder y que solo tienes que hablar, si quieres ser un líder excepcional observa, aprende y aplica principios, leyes, normas, hábitos, disciplinas y sobre todo aprende, reaprende, desaprende, bajo el Poder del Desarrollo Personal." Desde ese día nunca he dejado de crecer y crecer y sigo creciendo continuamente. En este proceso y educación un día pensé ser líder, surgí como líder. Empecé a observar, empecé a leer libros sobre liderazgo, motivación y desarrollo personal. Sin embargo, gracias a este proceso luego deje de observar y empecé a escribir mis propios libros. Hoy la gente me observa, lee mis libros y escucha mis audios y ve mis videos sobre **desarrollo personal**. Cuando uno se somete de corazón a este principio del desarrollo personal es inimaginable a donde va a llegar uno. Los frutos son reales y buenos.

Guia del Paso 7 para el crecimiento personal inteligente son:

- Tomar tiempo cada día para pensar sobre la vida.
- Tomar tiempo para evaluar el carácter, los pensamientos, la familia.
- Revisar nuestro comportamiento.
- Revisar selectivamente las palabras usadas al hablar con la esposa, esposo, hijos, compañeros, empleo, juntas etc.
- Leer un libro cada día de Crecimiento Personal.
- Asistir a una iglesia.
- Ir a seminarios de superación personal.
- Reconsiderar el nivel de estudio y adonde quisiéramos llegar.
- Incrementar nuestro intelecto, experiencia y humildad.

- Hacer una lista de las cosas a mejorar.
- Trabajar la lista de las cosas más pequeñas a las más grandes.
- Importante que se trate una a la vez.
- Aplica una gran dosis de humildad y crecerás siempre.
- Mantén mente abierta y voluntad dispuesta a reformar.
- Nunca olvides que no hay transformación si no hay cambio de paradigma.

Para este tema te recomendamos todos nuestros libros en www.miguelmartin.info y videos gratis. Suscríbete para recibir mucha más enseñanza en la misma página web. Si no haces esto no hay problema, pero decide siempre mejorar.

Has el siguiente ejercicio para activar el paso 7 del Desarrollo personal inmediato. En este momento toma papel y lápiz y escribe las cosas que te disgustan en tu carácter, las que siempre te meten en problemas. Luego decide tomar acciones en ellas de mejorar, escribe los pasos que tomaras para superarlos. Luego al fin del día, cada semana o mes hacer una seria evaluación y ver cuánto se ha avanzado y mejorado. Te prometo te sorprenderá las mejorías y avances.

"Hoy tenemos la oportunidad de aprender o recordarnos que es tiempo de ser, y hacer algo extraordinariamente sobresaliente en lo que incumbe nuestra existencia." – Miguel Martin

Libro El Poder De Pedir

Regla 8

Usar una Agenda

Vida Exitosa

"El hombre que se prepara, tiene media batalla ganada." - Miguel de Cervantes

Las personas exitosas aprenden y aplican el poder de una agenda en mano. Es importante vivir con una agenda, tener una agenda y usar una agenda. Todo lo que hagamos debe estar escrito. De otra manera la vida se esfuma y los días son infructíferos con muchas actividades sin fin o nos ocupan los deberes de otros.

No me cansare de enfatizar que debemos tener una vida planeada hasta donde podamos y este a nuestro alcance. Este estilo de vida tiene el poder de mantenerlo a uno en perspectiva.

La mente es fácilmente distraída con tantas distracciones en esta sociedad en que vivimos y debe ser administrada inteligentemente. Muchas personas creen que una agenda personal no es necesaria o que en vez de ayudar son un estorbo. Sin embargo, son mucho más útiles de lo que nos podemos imaginar.

Una agenda permite aplicar el consejo de E.M. Gray. "La persona exitosa tiene el hábito de hacer las cosas que a los fracasados no les gusta hacer. A ellos no es que les guste hacerlas pero su desagrado es controlado por el deseo de lograr la meta final."

El punto es que el éxito jamás falla cuando las cosas están organizadas y buscando el horizonte señalado *por escrito*. Este es un principio divino, la agenda de Dios se llama "biblia" y Jesús siempre dijo "escrito esta" Mateo 4:4.

"Organizar el tiempo efectivamente con una agenda es un gran hábito que debes desarrollar en tu vida pues te permitirá aumentar tu productividad, hacer más en menos tiempo y ser más organizado con tu tiempo."

"Una agenda es un arma de doble filo pues puede ser tu mejor amiga o tu peor enemiga, todo ello dependerá de la forma en que la utilices, si la utilizas de la forma correcta te permitirá grandes resultados para organizar el tiempo en tu trabajo y en tu vida personal." - Julián Castañeda. Experto en Organización eficaz de tu tiempo.

Estaba de viaje en Costa Rica centro américa y tuve una reunión con las personas que me estaban patrocinando. Nos sentamos a planificar los siguientes días de actividad. Para este entonces yo ya está convencido de una agenda sin embargo no tenía una a mano se me había olvidado en casa o sea Estados unidos.

En la reunión la líder que además era empresaria me dijo todo me parece bien pero estoy decepcionada con usted porque a su nivel no tener una agenda a mano me decepciona. Cancelamos la reunión por hoy y mañana la retómanos con su agenda en mano. Por más dramático que suene así ocurrió. ¡Que lección! Práctica y al punto. En lugar de enojarme me dio una gran vergüenza pues entendí que yo no podía hablar y ser un promotor del éxito, de organización, de liderazgo, de superación personal sin practicar principios y leyes que hacen el carácter, personalidad y mentalidad de un ser humano de éxito.

Desde ese día nunca más en mi vida he estado sin una agenda en mis libros parte de mi librería están mis agendas de los últimos 10 años. Hoy por asunto de economía y facilidad de la tecnología ya no compro una agenda física sino digital en mi cell, tableta o computadora.

Además tener una agenda despierta el poder del enfoque y en ella siempre se llega a donde se proponga uno. La agenda lo mantiene a uno en el camino del éxito. Amplia el tema en nuestro libro "El Líder Gladiador y El Código De Toda Posibilidad." En **www. miguelmartin.info** si has entendido la importancia de una agenda en las manos de los seres altamente exitosos si no tienes una debes ir en este momento y comprar una o empezar en este instante tu agenda en el cell, tableta o computador. De otra manera este capítulo fue en vano.

En cualquier cosa de la vida desde dormir, comer, trabajo, recreación, ejercicio hasta proyectos, negocios, metas, misión debe tener minuto, hora, día, mes, año y una fecha en que se espera lograr, revisión o evolución para saber dónde está uno y adónde va.

También quiero decir que no tienes que ser un gran empresario o político para obtener una agenda, en otras palabras no te engañes con la idea no la necesitas porque no eres famoso. Claro que la necesitas tu vida será más fluida, prospera y tu tiempo rendirá.

Consejos para poner en practica paso 8:

• Ten una agenda a mano "siempre".

• Usa tu celular como agenda.

• La misma computadora portátil o tableta tienen agenda.

• Tu cuenta de email provee una agenda.

• Tu iPod tiene agenda.

• Usa un cuaderno de notas como agenda.

Si nada de esto es posible usa el cuaderno de tus hijos o las servilletas, pero escribe todo lo que tengas que hacer.

Todo lo demás se llama EXCUSA.

Haciendo esto tendrás una vida organizada, totalmente enfocada y planeada y sin lugar a dudar una vida exitosa. Tu tiempo dará fruto y no más estarás viviendo la agenda de otro.

Regla 9

Resultados

Vida Exitosa

"El secreto del éxito es persistencia por la meta." -
Benjamin Disraeli

Es imposible vivir vida exitosa sin resultados. Como regla general una vida de éxito tiene resultados en todo lo que se proponen. Dios mismo nos da ejemplo de este principio, Él es un hacedor y confirmador de sus logros. *"Así quedaron acabados los cielos y la tierra, y todas sus criaturas. Y acabó Dios en el séptimo día la obra que hizo,* y reposó en el séptimo día de todo lo que había hecho en la creación. Y Dios bendijo al séptimo día, y lo santificó, *porque en él reposó de toda la obra que había hecho en la creación."* – Génesis 2:1-3.

El éxito respira en resultados conscientes y constantes ya sean victorias internas o logros públicos. Este tipo de resultados no tienen limite pueden ser psicológicos, personalidad o externo como el negocio, la familia, la educación, recursos, empresas, libros, profesiones etc. El éxito es como las células del cuerpo siempre están multiplicándose y solo tienen el poder de dar vida.

La gente que aprende a vivir exitosamente para tener logros de valor saben escoger *entre estar ocupado a prioridades y entre movimiento a lo importante, entre usar el tiempo en algo a trabajar inteligentemente los resultados buscados.*

*"Los resultados que consigues estarán en propor-
ción directa al esfuerzo que aplicas." -Denis Waitley.*

Ver los resultados da al humano un sentido de
realización, permite recordar que no hemos venido
en vano este mundo. Al verlos y enlistarlos afirma que
teníamos propósito y nos inspira a seguir viviendo con
mayor visión y deseo de producir.

"Es sólo a través del trabajo y del esfuerzo doloroso,
por la energía sombría y el valor resuelto, que pasamos
a cosas mejores." -Theodore Roosevelt.

Personas exitosas no tienen tiempo para los pleitos,
disgustos, celos, envidia y menos para mendigar o
quejarse. Ellos saben que si se dedican a su deseo,
meta bien establecidas con estrategia inteligente y
prioridades tendrán lo que quieren. Dios jamás da la
espalda a los que saben lo que quieren, a los que tienen
visión, fe y acción.

Te comparto algunos resultados que he tenido por
sembrar con fe y acción en mi vida.

Por favor toma en cuenta que mi historia está
basada en que vengo totalmente de una familia pobre,
sin dinero, educación convencional e ilegal en este país.

Aprendí ingles sin haber ido a la escuela u
universidad.

Me legalice en este país a los 12 años de edad sin
padres en este país y ahora soy Ciudadano Americano.

Soy traductor de inglés al español y viceversa en
eventos grandes.

De no tener nada propio, dormir en una casita de
metal de herramientas de trabajo al lado de los perros
y estar durmiendo en cualquier lugar por años y aun
debiendo hasta *los calzoncillos* que llevaba puestos,
hoy tengo mi propia casa y carros.

He sido manager de empresas en Estados Unidos.

He sido director ejecutivo de varios departamentos
por años.

67

He sido miembro ejecutivo de los líderes más grandes de una organización sin ánimo de lucro por más de una década.

He sido el vicepresidente más joven y el único hispano de una institución religiosa con presencia mundial.

He establecido una organización sin ánimo de lucro **LVP** / La Verdad Profética en Estados Unidos para ayudar a nuestra gente necesitada desde consejería, seminarios online, conferencias telefónicas y presenciales sobre salud, psicología, familia, servicios religiosos, libros, biblias y víveres con sede en Dallas Texas.

He sido Conferenciante nacional por los últimos 20 años.Conferenciante Internacional por los últimos 10 años.

Soy autor, he escrito 11 libros entre ellos el que estás leyendo.

8 Motivacionales y Desarrollo Personal

- El Líder Gladiador
- El Código de Toda Posibilidad
- El Poder De Pedir
- El Poder De La Disciplina
- 12 Reglas de Una Vida Exitosa
- Pasos a Tu Libertad Financiera
- Dile Adiós a Tu Empleo-Empieza Tu Propio Negocio.
- El Emprendedor Inteligente – Empieza Tu Propia Empresa.

3 Religiosos y Doctrinal

- Como Joven Cristiano Caí, Pero Me Levante.
- El Noviazgo Cristiano.
- La Verdad Profética Tomo 1.

Después de 20 años de servicios y experiencia he establecido mi propia empresa de Desarrollo Personal en el 2015 llamada **MMEC** / "Miguel Martin Education Center" con sede en Dallas Texas donde proveemos servicios en charlas, seminarios, coaching sobre:

- Motivación
- Desarrollo Personal
- Liderazgo
- Administración
- Empresarial
- Salud
- Libertad Financiera.
- Religión.
- Emprendimiento.

Productos:

Nuestros libros en formato físico y digital con plataformas como Amazon y otros medios de distribución nacional y mundial.

- Audiolibros.
- Videos.
- Dispositivos con temas de motivación y desarrollo personal.
- Paquetes de Seminarios Online y presencial.
- Coaching personal y grupal.

Soy el presentador actual del Programa Radial de La Verdad Profética en la metrópolis de Dallas Texas.

Tengo mi propia radio MMEC online. A diferencia de otras radios somos únicos. Promovemos Educación, Inspirando y Creando emprendimiento. ¡Nosotros no entretenemos, educamos!

Tengo entendido que he sido el primer autor que ha publicado 7 libros al mismo tiempo.

Tengo Una Empresa / Tienda Con Productos Vegetarianos y Nutricional llamada Meganutrición local y online.

Soy mentor internacional de empresarios, líderes de red de mercadeo, líderes religiosos, de emprendedores y del común del pueblo mundialmente.

Y más.... Estos son algunos de mis resultados.

Por lo tanto estas personas son conscientes de que no pueden cosechar lo que no siembran por lo tanto son bien cuidadosas en sembrar las semillas de sus metas, de sus deseos, de sus proyectos. Ellos cuentan el costo y pagan el precio necesario y con mucho gusto para tener lo que desean. Por eso dijo Jesse Owens. "Todos tenemos sueños. Pero para convertir los sueños en realidad, se necesita una gran cantidad de determinación, dedicación, autodisciplina y esfuerzo."

Por lo tanto los resultados son la cosecha de las personas exitosas que aman el esfuerzo, dedicación, consagración y enfoque en la vida. Nunca olvides que "Mucho esfuerzo, mucha prosperidad." - Eurípides.

Para saber dónde estamos debemos *hacer un inventario* de lo que tenemos y cuantos resultados hemos logrado en la vida.

Para poner en práctica el paso 9.

• Hacer una lista de nuestros logros de Carácter.

• Cuanto hemos logrado como familia.

• Evaluar nuestra existencia y enumerar nuestros logros de vida

• Los títulos logrados en la escuela, colegio y universidad.

• Cuantas cuentas de banco y ahorros tengo.

• Cuenta los libros en tu librería eso dirá mucho de ti.

- ¿Tengo hogar estable o inestable?
- Enumerar esos proyectos, metas y deseos logrados.
- ¿Qué empleo, negocio, empresa poseo como resultado de mis esfuerzos?
- Hacer lista de beneficios que he provisto a comunidad.
- Hacer lista de beneficios que he provisto a mi iglesia.
- Hacer lista de beneficios que he provisto la sociedad. Etc.

"Al saber quiénes somos, sabremos a donde vamos, que hemos logrado y que necesitamos, tener este conocimiento dará como ecuación, aspiración." – Miguel Martin

Libro El Líder Gladiador

Regla 10

Cree en Ti

Vida Exitosa

"La confianza en sí mismo es el primer secreto del éxito." - Ralph Waldo Emerson

Gran parte de la gente no llega a ninguna parte de su existencia *porque no creen en ellos mismos.* Curiosamente estas mismas personas al analizarlas se notara que creen en todo lo demás menos en ellos mismos. Creen las críticas, las condenaciones, las maldiciones, las circunstancias, las ideas de otros, las mentiras como las que "no puedes" "no tienes experiencia" "otros intentaron y fracasaron" "no tienes la educación" "no tienes dinero" etc., pero no han podido creer en ellos mismos.

Todo humano tiene la capacidad de creer lo que quiera creer. Sin embargo, "El que no cree en sí mismo miente siempre." Dijo Friedrich Nietzsche. Los que creen en si mismo son como David al enfrentar a Goliat y dicen: "No desmaye ninguno a causa de él. Tu siervo irá, y peleará con ese filisteo...El Eterno te entregará hoy en mi mano, y yo te venceré. Cortaré tu cabeza..." 1 Samuel 17:32,46. Cree en ti y conquista a tu "Goliat".

Si quieres vivir la vida al máximo y gozar de todos sus beneficios tienes que creer en ti y desintoxicarte de todas las demás falsas creencias. La creencia en uno mismo no solo es necesaria sino saludable y tiene el secreto de activar todo el universo en favor de uno. Pero aun así debemos conscientemente "cuidar" esta creencia porque hay miles de voces, experiencias, espíritus y personas que están buscando destruirla.

Cuando dije me voy a Estados Unidos mis padres no creyeron en mí, pensaron que estaba bromeando, mis amigos se burlaron. Pero yo si creí en mí y el siguiente día estaba saliendo de viaje. Cuando me decidí escribir le hable a algunas personas para saber que pensaban de mis nuevos pensamientos, ideas y proyectos y ello se aseguraron de convencerme de que yo no tenía la escuela, la educación y que escribir un libro llevaría años, se necesita dinero para publicarlos y fama para que te lo publiquen. Ellos no creyeron en mí pero yo si creí en mí y aquí estoy. Cuando tome la decisión de no estar más empleado y que empezaría mi propia empresa se burlaron de mí y pronosticaron que iba a fracasar. Aquí estoy por qué, porque creí en mí. Aquí estoy vivo, con mi empresa y expandiéndome no solo nacionalmente sino internacionalmente en el momento que escribo el libro. Cuando aplique para legalizarme me dijeron que no podría porque era menor de edad y no tenía nada para justificar mi estancia en este país y aquí estoy en Estados Unidos feliz, próspero y con mi ciudadanía del país más poderoso del mundo. Todo porque yo si creí en mí. Si tu no crees en ti todo está perdido. Cree y veras como otros llegaran a creen.

Marie Curie nos dijo: *"La vida no es fácil, para ninguno de nosotros. Pero... ¡Qué importa! Hay que perseverar y, sobre todo, tener confianza en uno mismo. Hay que sentirse dotado para realizar alguna cosa y que esa cosa hay que alcanzarla, cueste lo que cueste."*

Pongamos en práctica el paso 10. Para afirmar que crees en ti, usa estas afirmaciones MMEC de la siguiente manera. Debes repetir mínimo tres veces al día, mañana, medio día y noche antes de dormir y aun así repetirlas cuantas veces sea necesario:

• Cree en que fuiste creado con una razón especial.

- Cree que tienes todo lo que necesitas para ser feliz.
- Cree en tus capacidades.
- Cree en tu potencial.
- Cree en tus talentos.
- Cree en tus dones.
- Cree en tu llamado.
- Cree en que tú puedes producir en lugar de consumir.
- Creo que vine a beneficiar y no me voy sin antes dejar un legado.

Cree en ti porque, "Como es nuestra confianza, es nuestra capacidad." - William Hazlitt.

Regla 11
Cree en Dios

Vida Exitosa

"Creed al Señor vuestro Dios, y estaréis seguros; creed a sus profetas, y seréis prosperados". – 2 Crónicas 20:20

De todas las reglas para vivir exitosamente es necesaria y no puede faltar esta: *"Creer en Dios y Creerle a Dios."* Digámosle con convicción: "Creo; ayuda mi incredulidad" (Mar. 9: 24).

Creer en Dios es reconocer que tenemos un creador y que fuimos creados para algo especial y que el mundo no fuera mundo sin nosotros ya que Dios no crea nada para ser inservible sino toda su creación es una creación inteligente y con propósito, siempre ocupando un lugar especial. Con tal visión encontraremos una misión real de vida.

Creer en Dios es creer en el universo, en el poder, en la sabiduría, en la ciencia, en la realización, en la disciplina, en la verdad, en la libertad de elección, en que todo es posible, en que con El todo se multiplica, con el toda la creación tiene un propósito y es bendecir, beneficiar, contribuir al gozo de toda creatura y creación divina.

Debemos recordar que nada es casualidad en la creación de Dios. Como dijo Albert Einstein. "El azar no existe; Dios no juega a los dados." Todo tiene su razón y su propósito, entenderlo y ser parte de ello es nuestra base de construcción en esta vida.

Creerle a Dios es creer que nos hizo para el bien, para producir, para contribuir en el universo, en la humanidad, es creer que si él es poder tenemos poder, que si él es amor tenemos amor, que si él es misericordia podemos ser misericordia.

En este punto quisiera decir de antemano que respeto a aquellos que no creen en Dios o no siguen a Dios como yo o talvez si lo hacen otros. No es mi intención convencer o desconvencer solo exponer que esto es importante y regla importante del exito y yo soy una muestra de ello.

Yo nací en una religión pero yo no creía en Dios aunque iba a la iglesia solo porque mis padres me llevaban. Mi historia con Dios empezó un día en 1994 en la escuela cuando todo iba malamente y por haberme mal comportado me expulsaron. Yo era tan mal portado que me habían tildado de "rebelde sin causa" "diablito" y más. En ese entonces yo estaba internado en esta escuela ya que en mi hogar nadie me aguantaba. Ese día que me expulsaron me dejaron en la calle. Esa noche y sin poder ir a casa me que sentado en la cera del camino. Llovía y hacia frio. No sabía que hacer así que *se me ocurrió orar* y dije "Si existes como dicen que existes, Dios ayúdame y sácame de esta que yo no sé qué hacer o a donde ir" minutos después un amigo que vivía cerca supo que me expulsaron me fue a recoger y me alentó.

El siguiente día un profesor me busco y me dijo "miguel lo único que puede salvarlo de esta es que yo me responsabilice de usted pero solo lo hare con una condición de que usted de verdad cambie y demuestre que es diferente" acordamos y el peleo por mí en la escuela y se responsabilizó de mí. Me aceptaron de regreso. Desde ese día me di cuenta que creer en Dios es bendición, es libertad, es amor, es paz, es solución, es beneficioso y mucha prosperidad.

En otra ocasión en 1999 el 10 de diciembre lo recuerdo ya que era el día de mi cumpleaños ya viviendo en Estados Unidos manejaba de California a Texas tuve un accidente automovilístico en Flagstaff Arizona donde yo sé que estaba muriendo, no puedo explicarlo pero si puedo decir que deje de respirar y mi vida paso delante de mí como una película y entendiendo que yo me estaba yendo, muriendo en ese momento vino a mi mente todas mis oportunidades y estaba convencido que no había termino mi misión en esta tierra le rogué a Dios que me dejara vivir y que haría todo por cumplir mi misión de vida. El amigo que estaba conmigo pensó que yo ya había muerto ya que no respondía. Poco después volví gracias a que Dios me dio otra oportunidad de vida. Estuve dos semanas en el hospital y un año sin poder caminar ya que me había lastimado la columna vertebral. ¡Qué experiencia, como no creer en Dios!

Es mi fe en Dios la base de toda mi prosperidad y éxito. Dios me dio vida. Dios me trajo a la existencia. Dios me guio a este país, Dios me dio mente, Dios me ha dado oportunidad y yo solo he hecho mi esfuerzo y aquí estoy Creyendo en Mí, en Dios y en el Éxito.

Con respecto al dinero te diré lo siguiente: Habiendo sido educado en que la pobreza era mi destino y que tenía que aceptar mi suerte porque ese era el plan de Dios un día me dije: "Dios no puede mentir ya que su libro dice que el da las riquezas, la prosperidad y abundancia ¿cómo entonces la mayoría de los que creen en él y los que no creen el son pobres pero especialmente los religiosos" De manera personal me contesto. "La razón porque no tienes no es porque no debas tener sino porque no has valorado lo que ya te he dado. Como puedo darte más, miles o millones si no has valorado los centavos y dólares que ya tienes. Y concluyo cuando valores los centavos te prosperare...", y no mintió. Cuando le CREI A Dios le di valores a los centavos, los dólares se fueron expandiendo y acomodando en mi vida. Dios no me mintió.

Creerle a Dios es creer que todo lo que venga a nuestra mente, corazón y mano si es de beneficio *es posible* y necesario para ser personas realizadas a su máximo potencial como parte de la creación. Por eso el mensaje de este libro es *"Tened fe en Dios.* Os aseguro que cualquiera que diga a este monte: 'Quítate y échate en el mar', sin dudar en su corazón, sino creyendo que será hecho lo que dice, lo conseguirá. Por tanto, os digo que todo lo que pidáis en oración, *creed* que lo recibiréis, y os vendrá." – Marcos 11:23,24.

Te recomendamos que te leas nuestro libro llamado el "Poder de Pedir."- **www.miguelmartin.info** No te arrepentirás.

Somos especiales, aunque somos humanos no somos iguales, somos diferentes en todo y por lo tanto somos creados para cumplir una parte en la creación, somos especiales para algo especial. Por eso: "Estoy convencido de que en un principio Dios hizo un mundo distinto para cada hombre, y que es en ese mundo, que está dentro de nosotros mismos, donde deberíamos intentar vivir." - Oscar Wilde.

Aquí esta una de las más poderosas frases que si las tomas como son harán un impacto para tu prosperidad en todo. "El que cree en mí, no tendrá sed jamás." – Juan 6:35. La creencia en Dios tiene El Poder de abrir todo el cielo, el universo, a Dios mismo en nuestro favor. Dios te promete que si Crees en y le crees a Él, Él se encargara que jamás tengas SED símbolo de ansiedad, penas, tensión, estrés, preocupación, deudas innecesarias, problemas ridículos, quejas, amargura, mediocridad moral, psicológico, religioso, económico, social, familiar y claro que si aún no tendrás baja estima de tu imagen, carácter, personalidad, físico. No tener Sed jamás muestra que Dios puede proveernos todos los medios, fuentes de poder, sabiduría, gracia, gozo, felicidad, recursos, palabras, inteligencia, conocimientos, visión y misión para que logremos una vida verdaderamente exitosa. Cree y Actúa Dios hará milagros con tu vida. Deja su sed a sus pies y él se encargara del resto si estás dispuesto a realizar los cambios necesarios y eso empieza en tu mente, cambia tu manera de pensar y actúa.

En breve ya que fuimos creados al potencial de Dios no vivir a ese nivel, a esa altura, a esa potencia es lo que permite los problemas, la confusión, el vacío en el alma, ya que la persona no realizada al potencial de Dios, a su deseo, a su razón de existencia vivirá intranquila, incompleta, vacía y por lo tanto sin rumbo permitiendo una vida cansada y aburrida. Hasta que te encuentres con la voluntad de Dios, con el plan original de tu creación no tendrás paz ni gozo.

Recuerda que: "Dios ha hecho el mundo redondo para que nunca podamos ver demasiado lejos el camino." - Karen Blixen. Si encontramos nuestra razón de existencia creámosle a Dios y vivamos a la altura de ese plan.

Esta es la razón porque mucha gente con dinero, con fama no es feliz y todo porque no se ha encontrado con Dios, con su verdadera razón de existencia. Saben todo menos la razón de su creación.

Esta es otra de las razones porque tantos humanos tienen matrimonios e hijos pero no son felices y se divorcian buscando otra pareja y sin embargo solo se vuelve un vicio y ciclo *pareja y divorcio* y nada cambia y no cambiara **ya que el problema no es otra pareja sino el no encontrarse con su razón de existencia.**

Esta es la razón del porque muchos se desvían en vicios como las drogas, el sexo, el trabajo equivocado, mal carácter, enfermedad de diversas formas etc.

Poner en práctica el paso 11

Para empezar de verdad a CREER en Dios solo tienes que meditar en:

- Pensar/Meditación
- ¿Cómo vine yo a la existencia?
- ¿Quién creo el universo?
- Estudiar el cielo, el mar y la tierra.
- Recorrer la naturaleza.
- Estudiar el libro más antiguo y más leído, La Biblia.
- Preguntarse qué es amor.
- Preguntarse qué es poder.
- Preguntarse qué es consciencia.
- Preguntarse qué es providencia.
- Preguntarse qué es Dios para mí.
- Expresar y decir
- Creo en la existencia
- Creo en la vida
- Creo en un creador
- Creo en Dios
- Creo en el Poder De Dios
- Creo en la providencia
- Creo el poder interno
- Creo en la fe
- Creo en la palabra de Dios
- Creo en Jesucristo mi salvador
- Creo en las facultades que Dios me ha dado
- Creo en que Dios me creo para algo especial
- Creo en que Dios me está guiando a una vida diferente
- Creo en que Dios me está despertando para vivir al máximo

- Creo en la vida nueva que Dios me está presentando
- Creo que Dios me tiene en su agenda para algo grande
- Creo que Dios está aquí y desea ser mi socio
- Creo en Dios porque él Cree en mi
- Creo en Dios y punto.

"Si nos ponemos en las manos de Dios podemos ser lo que no se ha visto aún de nosotros." – Miguel Martin

Libro El Código de Toda Posibilidad

Regla 12

Comenzar Otra Vez

Vida Exitosa

"Para poder seguir tengo que empezar todo de nuevo." - León Gieco

Las personas que llegan a vivir exitosamente siempre están comenzando otra vez con nueva visión, nueva misión, nuevos proyectos, nuevos servicios, nuevos productos, nuevas relaciones, nuevos negocios, nuevas oportunidades, nuevos conceptos, nueva psicología, nuevas aspiraciones, nuevas ideas, nuevos pensamientos, nuevas creencias, nuevos valores, nuevos principios, nuevos hogares, nuevos caracteres, nuevas personalidades, nuevas metas, nuevos caminos, nuevas aventuras, nueva vida.

La vida se recibe una sola vez y estas personas, las de éxito aprovechan las oportunidades tal y como llegan y saben que jamás hay fin a menos que Dios le ponga fin por lo tanto ellos siempre están comenzando otra vez ya que es la única manera de llegar a ser lo que fuimos creados a ser - imagen de Dios, Poder de Dios, Pensamiento de Dios.

Dios jamás nunca envejece, él es "nuevo" todo lo que hace es nuevo cada día – Lamentaciones 3:23 y esa es la experiencia que cada persona exitosa debe vivir cada día. Escrito esta: "Por eso, no desmayamos. Aunque nuestro hombre exterior se va desgastando, el interior se renueva de día en día." - 2 Corintios 4:14.

Conclusión:

¿Después de leer este libro qué harás con tu presente condición y vida? ¿Tendrás el valor de reconocer tu condición, tu fracaso, resbalos, intentos indisciplinados? ¿Empezaras una vida exitosa buscando una mentalidad diferente, nuevas metas, mejoría de carácter, buscar mejor trabajo, profesión. Te animaras a vivir tu sueño, visión y razón de existencia elegida por ti no por los demás? ¿O seguirás igual como te encontró este libro?

Yo Miguel Martin confieso. Fracase como estudiante de primaria y secundaria. Fui el peor de las clases. No me gustaban los libros menos los maestros. Cometí muchos errores y recuerdo bien cuando un día la directora de la escuela fue a mi padre y le rogo que no más me enviara a la escuela porque yo le había descompuesto el hígado con bilis. Para nada inspire confianza a mis padres menos a la gente.

Mientras vivía en un internado en otra escuela no solo era pobre, ignorante y rebelde sino despreciado por muchos. Siempre era el último, no miraban futuro conmigo era una decepción caminando entre ellos. Pero la vida es hermosa y justa me dio "otra oportunidad para comenzar otra vez." Gracias a Dios, nací otra vez y tomé mi oportunidad con todo ahínco y jamás la solté.

Pero deseo que tiendas que comenzar otra vez en ocasiones nos guía por caminos rudos, experiencias contradictorias de algo nuevo. Mira no fue nada fácil para mi en el camino de Comenzar Otra Vez. Mis inicios aunque pude salir de Guatemala no había salido de la esclavitud de pobreza mental, espiritual, educacional y económica. Llegue a este país y parecía que había entrado a otro GuateMALA. Vivía en un cuarto con 8 personas más. Luego empecé a dormir en garaje de metal entre herramienta del dueño de la casa , al lado de la casita del perro pero bueno era mejor que estar en el cuarto con 8 personas. ¡Si aquí en Estados

Unidos, en Riverside California. Pero allí en esos humildes comienzos tenia paz, silencio, y mi tiempo fue consumido leyendo, leyendo libros, diccionarios, revistas, periódicos. Si allí nació otra vez Miguel Martin. Allí y así comencé otra vez. El punto es si yo pude tú también puedes, comenzar otra vez.

La sociedad me dijo que yo era pobre pero la otra oportunidad me señalo una nueva puerta para "comenzar otra vez" y hoy gozo de riquezas más que solo dinero.

Me dijeron que yo servía para nada y la otra oportunidad de vida me grito "comienza otra vez" y demuestra que "sirves para mucho."

El pasado me tenía esclavizado a que no podía recuperar los años perdidos en la escuela y fracasos del pasado pero la visión del "comenzar otra vez" me señalo el camino y el poder los libros, experiencia y lo mucho que uno puede lograr en la educación superior.

He creído y en grande "Vencí lo invencible, Vi lo invisible, creí lo imposible ahora vivo solo Posibilidad y Realidad." – Miguel Martin.

Libérate de falsos conceptos e ideas, desencadénate hoy y empieza a vivir la vida que Dios te ha dado. El único responsable de tu éxito o fracaso serás tú. Tu puedes es mi mensaje y sabes porque, porque yo pude, reconocí mi potencial y volví a nacer y escoger mi futuro. Soy incansable en mi misión y muy, muy feliz.

Te invito que desde este momento seas conmigo un Promotor de Una Nueva Vida, Con tu Vida, Visión y Misión.

Mi objetivo: *"Id, presentaos en el templo, y hablad al pueblo todas las palabras de esta nueva vida". – Hechos 5:20.*

¿Despertaras conciencias de tu potencia? ¿Aceptaras este reto de ir con todo a vivir? ¿Tomaras estas semillas de esperanza, poder y posibilidad en tu vida?

¿Reconocerás lo que tú puedes realizar si despiertas consciencia? ¿Cuál será ahora tu decisión? ¿Cuál es tu siguiente paso? ¿De verdad quieres Felicidad, Riqueza, Prosperidad y vivir en Éxito?

Si deseas hacer un cambio, pero no sabes dónde empezar llámanos o escríbenos.

Guía MMEC en 12
pasos al Éxito

Define Éxito en pocas palabras:

_____

_____

_____

_____

Paso 1 Reconocer Tu Condición

Asegurarte en el dónde estás. Tu condición actual.
Condición que te tiene esclavizado.

Mi Condición es:

_____

_____

_____

_____

_____

_____

Fecha de reconocimiento de tu condición: _____

_____

_____

Paso 2 Cansarte con Tu Condición

Reconocer tu disgusto, provocar disgusto con tu
condición limitante. Buscar el Cambio radical.

Estoy cansado con:

_____

_____

_____

_____

_____

Cambiare en:

_____

_____

_____

_____

_____

Paso 3 Establece tu Razón de Vida

El para que vivo en esta tierra.
Mi razón de Existencia es:

_____

_____

_____

_____

_____

_____

Visión de Vida:

_____

_____

_____

_____

Mision de Vida es:

_____

_____

_____

_____

_____

_____

Mi Lema de Vida es:

_____

_____

_____

Paso 4 Activar el Poder de La Decisión

Empezar inmediatamente en tus metas de vida.
Quiero Cambiar totalmente en:

_____

_____

_____

_____

_____

_____

Quiero lograr esto:

_____

_____

_____

_____

_____

_____

Mis metas son:

_____

_____

_____

_____

_____

_____

Fecha de comienzo de mis metas es:

1   _____

_____

2_____

___

3_____

_____

4_____

_____

5_____

_____

Fecha de Evaluación de mis metas será en:

1_____

_____

2_____

_____

3_____

_____

4_____

_____

5_____

_____

Fecha que considero tener mis metas es:

1_____

_____

2_____

_____

3_____

_____

4_____

_____

5_____

_____

Paso 5 Una Estrategia

Vivir organizado e inteligentemente.

Paso 6 La Acción

Ser Proactivo
Quiero tomar action en las siguientes áreas o metas:

_____

_____

_____

_____

_____

_____

_____

Mis acciones serán – ser bien especifico, poner detalles.

_____

_____

_____

_____

_____

_____

_____

7 Desarrollo Personal Continuo

Buscar ser mejor y aplicar siempre. Escoger 10 áreas para mejorar desde personal, hogar, empresarial etc.

1_____

_____

Acciones que tomare son:

_____

_____

_____

Herramientas que usare son:

_____

_____

_____

_____

Evaluación será en:

_____

_____

_____

_____

2_____

_____

Acciones que tomare son:

_____

_____

_____

_____

Herramientas que usare son:

_____

_____

_____

_____

Evaluación será en:

_____

_____

_____

_____

3_____

_____

Acciones que tomare son:

_____

_____

_____

Herramientas que usare son:

_____

_____

_____

_____

Evaluación será en:

_____

_____

_____

_____

4 _____

_____

Acciones que tomare son:

_____

_____

_____

_____

Herramientas que usare son:

_____

_____

_____

_____

Evaluación será en:

_____

_____

_____

_____

5 _____

_____

Acciones que tomare son:

_____

_____

_____

_____

Herramientas que usare son:

_____
_____
_____
_____

Evaluación será en:

_____
_____
_____
_____

6_____
_____

Acciones que tomare son:

_____
_____
_____
_____

Herramientas que usare son:

_____
_____
_____
_____

Evaluación será en:

_____
_____
_____
_____

7_____
_____

Acciones que tomare son:

_____
_____
_____
_____

Herramientas que usare son:

_____

_____

_____

_____

Evaluación será en:

_____

_____

_____

_____

8_____

_____

Acciones que tomare son:

_____

_____

_____

_____

Herramientas que usare son:

_____

_____

_____

_____

Evaluación será en:

_____

_____

_____

_____

9_____

_____

Acciones que tomare son:

_____

_____

_____

_____

Herramientas que usare son:

_____

_____

_____

_____

Evaluación será en:

_____

_____

_____

_____

10 _____

_____

Acciones que tomare son:

_____

_____

_____

_____

Herramientas que usare son:

_____

_____

_____

_____

Evaluación será en:

_____

_____

_____

_____

8 Usar una Agenda

Mantenerse enfocado.
Mi agenda es:

_____

_____

_____

9 Resultados

Conscientemente reconocer logros
Logros al fin del día son: Ser específico:

_____

_____

_____

_____

Logros al fin de la semana son:

_____

_____

_____

_____

_____

Logros al fin de mes son:

_____

_____

_____

_____

_____

Logros al fin de un año son:

_____

_____

_____

_____

_____

Logros de 5 años son:

_____

_____

_____

_____

_____

Logros de 10 años son:

_____

_____
_____
_____
_____

_____

Agradece. Enumera las cosas, logros, metas que deseas Agradecer:

_____

_____
_____
_____
_____
_____
_____
_____

Celebra las cosas que has logrado:
Logro_____
_____
Celebrare con_____ _____
_____

10 Cree en Ti

Se orgánico, tu eres siempre la base de todo comienzo.

Mis facultades son:

_____
_____
_____

Mis capacidades son:

_____
_____
_____

Mis talentos son:

_____

_____

_____

Mis conocimientos son:

_____

_____

_____

Mis experiencias son en las siguientes áreas:

_____

_____

_____

Yo soy bueno en:

_____

_____

_____

Yo soy excelente en:

_____

_____

_____

Mi meta es contribuir a la humanidad, institución, empresa, hogar, iglesia con:

_____

_____

_____

_____

11 Cree en Dios

El socio mas grande del universo
Mi creencia de Dios es:

_____

_____

_____

Dios para mi es:

_____
_____
_____
_____

Creo que Dios me creo para:

_____
_____
_____
_____

Las formas en que incrementarc mi relación con Dios será por medio de:

_____
_____
_____
_____
_____
_____

12 Comenzar Otra Vez

Mente abierta a toda posibilidad. Renovar. Visión del futuro.

Me gustaría realizar, intentar, hacer otra vez las siguientes cosas, actividades, emprendimientos, gustos, planes mínimo escribe 12:

1_____
_____
_____

¿Por qué?

_____
_____
_____

¿Para qué?

_____

_____

_____

Realizar esta actividad me ayudara en:

_____

_____

_____

_____

2_____

_____

¿Por qué?

_____

_____

_____

¿Para qué?

_____

_____

_____

Realizar esta actividad me ayudara en:

_____

_____

_____

_____

3_____

_____

¿Por qué?

_____

_____

_____

¿Para qué?

_____

_____

Realizar esta actividad me ayudara en:

_____

_____
_____
_____

4_____
_____

¿Por qué?

_____
_____
_____

¿Para qué?

_____
_____
_____

Realizar esta actividad me ayudara en:

_____

_____
_____
_____

5_____
_____

¿Por qué?

_____
_____
_____

¿Para qué?

_____
_____
_____

Realizar esta actividad me ayudara en:

_____

_____

_____

6_____

_____

¿Por qué?

_____

_____

_____

¿Para qué?

_____

_____

_____

Realizar esta actividad me ayudara en:

_____

_____

_____

_____

7_____

_____

¿Por qué?

_____

_____

_____

¿Para qué?

_____

_____

_____

Realizar esta actividad me ayudara en:

_____

_____

_____

_____

8_____

_____

¿Por qué?

_____

_____

_____

¿Para qué?

_____

_____

_____

Realizar esta actividad me ayudara en:

_____

_____

_____

_____

9_____

_____

¿Por qué?

_____

_____

_____

¿Para qué?

_____

_____

_____

Realizar esta actividad me ayudara en:

_____

_____

_____

_____

10_____

_____

¿Por qué?

_____

_____

¿Para qué?

_____

_____

_____

Realizar esta actividad me ayudara en:

_____

_____

_____

_____

11_____

_____

¿Por qué?

_____

_____

_____

¿Para qué?

_____

_____

_____

Realizar esta actividad me ayudara en:

_____

_____

_____

_____

12_____

_____

¿Por qué?

_____

_____

_____

¿Para qué?

_____

_____

_____

Realizar esta actividad me ayudara en:

_____

_____

_____

_____

Impactos

De todo este libro lo que más me impacto fue,
mínimo 12 impactos que recomendarías a otros:

1_____

_____

2_____

_____

3_____

_____

4_____

_____

5_____

_____

6_____

_____

7_____

_____

8_____

_____

9_____

_____

10_____

_____

11_____

_____

12_____

_____

Sobre El Autor

El autor es un Conferenciante internacional sobre temas religiosos, liderazgo, salud y motivación por los últimos 20 años y autor de varios libros como: La Verdad Profética Tomo 1, Como Joven Cristiano Caí Pero Me Levante, El Código De Toda Posibilidad, El Líder Gladiador, El Noviazgo Cristiano, El Poder De La Disciplina, El Poder De Pedir, 12 Reglas De Una Vida Exitosa, Pasos a Tu Libertad Financiera. El Emprendedor Inteligente - Empieza tu propia empresa, Dile Adiós a tu Empleo - Comienza tu propio Negocio.

También es el fundador de LVP / La Verdad Profética una institución no lucrativa que ayuda a gente necesitada. Es el Fundador y Presidente de la empresa MMEC / Miguel Martin Education Center con sede en Dallas Texas de Desarrollo y Motivación Personal.

Conoce más sobre Miguel Martin y reciba información y entrenamiento gratuito en su página web:
www.miguelmartin.info
www.miguelmartineducationcenter.com

Made in the USA
Middletown, DE
08 October 2022